刺青‧穿環‧紋身印記

青少年生命轉折故事

梁明義 著

博客思出版

CONTENTS

第**4**章

「花」樣年華：凡體現必留下的痕跡..............**078**

第**5**章

身體體現的價值變遷與認同差異..................**129**

檢視與省思..................................**226**

第**6**章

參考文獻

附 錄

表、圖-目錄

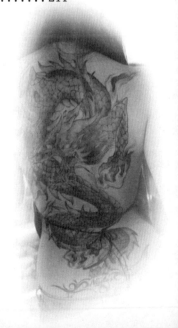

孩子的成長，需要靠教育的力量。
但孩子的夢想無法實現，是大人的努力不夠！

強調多元學習的今日，教育的本質雖沒有改變但是教育的內涵，已經從以往各自封閉的獨立空間，轉化為合作互助的夥伴關係。在彼此協同互助的過程中，教師已日漸感受到學生的學習和成長，與社會氛圍的轉變有著密不可分的關係，因此試圖去深化教師自身與家長及孩子的情感連結，正是教育反應時代變遷的最佳寫照。

明義教官在書中敘述著12位青少年「紋身印記」的生命故事─成人口中的「奇裝」就是青少年心中的「時裝」。從其實務的輔導歷程中隱約可嗅出急切想融入青少年次文化的心情，一方面跳脫了傳統窠臼輔導策略，不僅將問題當趨勢，亦強調理性與感性並重；另一方面將社會資源有效轉化且融入每位青少年的生活領域之中，從而逐步開展出適切、有效且具時尚風味的「青少年文化課程」。的確，生命若是與生俱來，人生就像生命的連續劇，人生和生命是我們每個人都不能逃脫，必須去面對的問題。而青少年「紋身印記」世界中的鏡頭並非無情物，他們的「作品」猶如用自己的眼睛去看別人看過的東西，在別人認為的異樣東西上能看出美來，這種美正是心靈與

大自然撞擊後有感而發的體現，明義教官與青少年的對話正是
靈感的體現。

　　明義教官是我教職生涯中首批學生之一，猶如書中所述
「紋身印記」青少年的無奈與渴望，三十年後我們在異地重
逢，他的轉變與努力，讓我驕傲、感恩且驚歎不已！期盼藉由
本書的出版，能將這些以身體為基地，以青少年文化為主體的
發展歷程與經驗，與全體教育工作者，以及各個學校的教師、
校長、家長及孩子，相互切磋，共同分享，相信能提供未來持
續了解青少年次文化的建議與參考。

　　推薦給您，值得您細細品味！

　　　　　　　　　　　　　　　　　　　　　張 經 昆
　　　　　　　　　　　　　　　　臺北縣立三民高中校長

唯有「愛」才能化除「礙」

多年前，在一次汐止區慈濟教師聯誼會聯誼茶會中，結識了梁教官。多年來，我們都習稱他為「教官」，但他一貫的風範--文質彬彬的儀表和柔和輕緩的聲調，讓從事輔導工作的我總覺得他更像「輔導人員」。

為了追求學識的更上一層樓，4年前，梁教官決定報考東吳大學社會學系碩士在職專班，並如願考上了，從此就暫停汐止區教聯會活動的參與，而另行展開四年非常「幸福」的「在職進修」生活。

4年來，我們雖各忙於自己的事業、志業、家業或學業，而難有互通訊息的機會，但我們都期待他儘快「學成歸隊」。很高興他終於研究所畢業了，我們又可以在慈濟家庭裡共享「付出無所求」的歡喜，得知他的碩士論文因深具教育人員參研的價值，而即將付梓出版，則讓我們更是與有榮焉。

在學校輔導工作中，與學生進行心靈對話，聆聽學生獨特生命故事，一直是我最喜歡的部分，也是讓我一直樂在輔導工作中的主要動力。或因如此，有幸先拜讀「刺青、穿環、紋身印記：青少年生命轉折故事」一書原稿時，一翻開目錄，我就被第四章「『花樣年華』：凡體現必留下的痕跡」標題所吸引，也不由自己地直接走進十二位年輕學子的生命故事。

「兩個身體也不夠刺」、「獨角獸的女生」、「滿足上

癮的打洞慾」、「身體體現出自信的彩虹」……逐一詳讀這些
年輕生命的故事，發現看似叛逆的裝扮與表現，大多藏有「缺
愛」的受創心靈，不捨與心疼的感覺即隨之而生。同時，也聯
想到在自己服務的學校，也有一些常被師長列為「高關懷」的
孩子，在他們不被認同的外表下，是不是也都有不被我們了解
的「苦悶」與「創傷」？

　　深入了解一個個受創心靈之後，我們會發現「特殊身體
體現與缺乏親情之愛成正比，一切緣起幾乎與家庭關聯。」為
此，梁教官在其著作的最後，特別對為人父母者提出真切的呼
籲：和諧美滿的家庭是青少年建構正向體現的重要助力。同
時，也對從事教育工作者給予良心的建言：同理與關懷可以讓
為人師者成為導正青少年人生方向的貴人。

　　不論是真切的呼籲，還是良心的建言，梁教官都是在宣
示：唯有「愛」才能化解「礙」，因為「愛，能趕走孤單，讓
瀕臨困境的人，有了一絲盼望；愛，能化作安慰，讓憂傷的心
靈，得以日漸平復；愛，能成為祝福，讓周遭的每一個人，都
可感受到生命的溫暖。」（摘錄自蒲公英種子套書--「愛的力
量」）

　　期盼透過「刺青、穿環、紋身印記：青少年生命轉折故
事」一書的出版，能讓更多為人父母或師長者體認到「愛」的
重要，並願意更努力去營造有愛的家園或校園，使孩子們都能
相信生命是值得祝福與期待。

陳惠苓
臺北市立南港高工輔導室主任

教育的影響力是見證得到的

　　和梁明義教官結緣是2010年1月22日在花蓮慈濟大學一場三天兩夜的生命教育研習活動，他上台與現場4百多位老師見證分享他動人的生命故事。他敘述個人因為兒時家庭的缺憾，使得在國中時期叛逆不羈，所幸在國二時期班級導師張經昆先生的教誨與鼓勵下，當年任命他為班長及推舉班上模範生，使得那時期收斂了自己的言行。雖然之後仍然少不更事且放蕩輕狂，但確實在無知的年少歲月中，挹注了很大向上成長的動能，也對他產生了深遠的影響。

　　轉輾30年過去，他開始感念這位恩師並嘗試尋找出來，2天前(2010/1/20)他還與30年不見的小學同學相約尋找恩師的想法，2天後在他報名參加的這場研習營中，第一天晚上分配男眾僚房時(5人一間)，分配在他房間的那位枕邊人竟然就是他感念30年前的恩師張經昆先生，張老師現在已經是台北縣三民高中校長了，研習結束前梁明義主動上台分享這個感恩故事並請其恩師及師母一起到台前，深深相擁，真情故事感動了在場的每一位老師。

　　善的因緣真是不可思議啊，在梁明義身上一點不假！希望大家多多投入慈善工作，因為教育是百年大計，而台灣的下

一代好壞，取決我們用多少心思去好好栽培與灌溉他們。許多人認為現代師長難為，但老師們切勿妄自菲薄，梁明義的故事就是最好的例子，在張校長無私大愛的培育下，灌溉善的種子在經過數十年之後終於開花結果。在他與本書12位主角青少年故事中，清楚看到許多現代青少年強烈的藉由紋身印記的吶喊來表達在內心所呈現的心象，本人願意推薦這本議題良好的叢書，希望藉由作者的故事研究能對家庭父母、學校師長及社會各界，有一番新的省思與輔導作為。當然，我們更真切的期盼，尚在生命迷失或徬徨中的青少年們，要珍愛自己，擺開陰霾，走向陽光，勇於開創自己美麗的人生。

梁明義教官現在經常協助北區慈濟教聯會承擔社區「無毒有我專題研習活動」講師分享與見證他的生命故事，祈願藉此發揮他的專才，　社會教育善盡一份心力。非常感恩他的發心共同承擔社會責任。

陳乃裕 2010.03.31
佛教慈濟北區教師聯誼會總幹事

身體當畫布，青少年找認同

　　本書作者是一位軍訓教官，也是剛在去年才取得碩士學位的一位學者。重要的是：他的寫作風格充滿了人文色彩與社會關懷。對於青少年身體體現的次文化分析，尤其具有豐富的社會學想像力，確實不失一位觀察敏銳的社會學者。作為他的指導教授，能夠先閱讀他的文章，並為本書寫推薦序，實在義不容辭，也甚感榮幸！

　　自2005年台灣青少年學生的髮禁解除以來，服裝儀容在校園中逐漸掙脫刻板單調的統一規範。取而代之的是：青少年學生凸顯自我、表現風格與身體體現的風潮形成。於是，標新立異或我行我素也不足為奇。3年前，本書作者到東吳大學社會學研究所進修碩士班。他利用擔任教官就近接觸校園師生的機會，深入探究青少年學生服裝儀容的身體體現。研究過程中，一連串的研究發現，反而扭轉他對「奇裝異服等於品性有問題」的刻板印象。

　　無疑的，這是一本兼具知性、理性與感性的書。本書係以技專院校特殊身體體現的12位學生與6位師長為受訪對象，從社會建構論觀點出發，並參酌國內外文獻，進一步探討該行為青少年學生的社會價值變遷與家庭、學校和社會成員間的認同差異。它是由作者的碩士論文《「體」如何「現」：以鑲嵌在○○技術學院學生的價值變遷與認同差異為例》改寫而成，

因此，內容包含了四個主要部分：青少年身體體現的生命故事敘述、校園師長對青少年體現的看法、青少年體現的認同差異、成長歷程與心靈轉折之分析，以及作者在研究過後有感而發的真情感性之呼籲。藉此，作者想告訴我們的是：青少年學生為什麼會有紋身印記？他們的身體體現代表著什麼？又造成怎樣的影響？

　　對於我來說，本書最吸引人之處在於：它不僅只是一位軍訓教官的省思、為人父母的聲音、專業學者的論文，更重要的是：它是以一種相當感性或感人的社會學想像筆調來訴說12位紋身印記青少年學生的生命轉折故事。作者的研究發現：青少年學生從垮褲嘻哈風、低胸、低腰褲露股溝到染髮、打洞、穿耳環、穿舌環、穿鼻環、穿肚臍環、接眉、刺青與彩繪等各式各樣的身體體現或印記裝扮，不免與不同世代或不同社會價值觀者產生衝突。對於某些人來說，他們的身體體現或印記裝扮不僅五花八門、眼花撩亂，也讓人視為標新立異、驚世駭俗之舉。在校園裡，面對這樣的變化，有些師長在不能接受的情況下，只能與學生漸行漸遠，甚至造成心理障礙，乾脆放棄對這些青少年學生的品德教育與行為指導。作者的研究也發現：青少年學生的紋身印記不僅只是一種流行而已，它更與家庭、學校與情感經歷或心靈轉折密切相關。在他看來，每個青少年的紋身印記或外表改變，其背後都有複雜的心理因素與特殊意義。因此，面對青少年這樣的風氣與潮流，聰明的服裝儀容管理者、師長與父母似乎會更有彈性的回應與適應。易言之，與其硬邦邦的排斥、干涉與抗拒青少年的紋身印記，毋寧選擇接納、瞭解與信賴他們的行為。

　　傳統上，台灣社會是父權制或男性宰制的社會。一種明顯的可能性是：青少年紋身印記內部可能存有一種性別位階的再製現象或男女生命歷程的差異。其次，近年來，紋身印記已成為身體社會學者頗感興趣的主題，因為它是最錯綜複雜的社會互動形式之一。顯然的，青少年紋身印記的特性會因城鄉差距、認同類型與家庭情境不同而有差異。儘管青少年紋身印記是五彩繽紛的，卻也蘊含著不同的心靈轉折故事。尤其當它涉及青少年追求自主與對抗社會宰制的事實時，情況更是如此。對於這兩個部分，我們期待作者明義未來能加以關注，並有知性、理性與感性的文章出現。

葉肅科

東吳大學社會學系專任副教授

謹識於2010年3月31日

　　世代之間的思想變化，快速的讓人無所適從。當我們和孩子漸行漸遠，又惶恐的不知所措之際，感謝作者深入淺出的解析，拉近這條鴻溝的距離。

吳年年
台北市信義國小校長

　　有了這本書：為人父母不因孩子的外表而大驚小怪，為人師表不因學生的打扮而先入為主。

　　感謝作者的深入探討、解析，讓大眾了解青少年的想法，是師長們和家長最佳參考書籍。

胡水龍
美國普林頓大學台北班教務長

自 序

　　我本身是位學生外在穿著及生活行為的管理者，在高中服務時期許多學生遠遠看到我來，自知服儀不整而拔腿就跑，或當下會立刻檢視自己衣著，並把外露上衣紮好，等回到教室再把衣服露出來。調任大專校院服務，學生服儀自主，與青少年學子互動的重心則著重在心理層面的部份了。因此，進入他們內心世界輔導學生身心問題，在我服務單位的領域裏是很重要的職責，幾年下來經常面對外型五花八門學生的互動中，終於慢慢成就了探索本書的機緣。

　　不論是在高中或大專院校時期，從種種跡象顯示：現代青年學子身體自主的聲浪與速度，遠超過我預期的想像，舉兩個例子：一、近日報載台南某中學集體在司令台脫下制服長褲的訴求事件，以及電影艋舺撥映後傳統刺青商機，也跟著這股熱潮有大發利市之現象。以上兩則，都讓我連結到與探索本書中12位青少年所表述的內容中，真實感受到他們為了突顯自主權而藉由身體所發出內心吶喊之聲，有不謀而合之處。

　　如今，我在學校從事學生輔導工作已歷十二載，要非常感謝許多年輕學子，願意接受我的輔導並傾訴心聲；在他們身上許多地方，我彷彿看到以前年輕時的自己。雖方式不盡相同，然而，青少年因單親、疏離、交友不慎等因素所產生複雜的心理與行為不當問題，都非單一因素所造成。因此撰寫本

書，期望青少年們能藉此增進自我了解；成人社會也增加一分面向去認識現代青少年，並有助於教輔人員更清楚了解青少年行為取向，以強化輔導的周延性。

多元及資訊傳撥社會變動太快了，眼前的事物太多，使得忙碌的老師及為了家庭生計疲於奔命的父母，被壓抑的沒時間深入去了解滾動中青少年的內心世界，而許許多多的青少年也在這個混亂時空之中，以身體言語顯露了心理端倪。

本書敘述或結果有不周全之處，望請各界加以指正！在編寫過程裏，讓我最感頭疼之處，是如何讓12位故事中主角對自己期望達到的身體體現，以自畫像的方式呈現出來，所幸在本校學生林詩敏同學巧手的協助之下，才得以繪出受訪者所認可的體現方式，在此特別感謝她的大力幫忙，使本書得以真實呈現。藉此因緣，我要特別感謝東吳大學副教授葉肅科博士，在他循循善誘與諄諄教導下，使我在撰寫本書領域有莫大的收穫，在此衷心感謝。

祈願孩子們的未來，你我一同關懷與努力

梁明義

第 一 章
青少年的身體畫布
已在校園逐步蔓延

第一節　是問題還是趨勢

從1997年3月迄今，作者任職校園訓輔工作已歷13個寒暑。2002年6月我由高職服務5年後調任至大專技職院校服務，並在2003年先後接任不同部別訓輔工作一職迄今，體認到校園自主及開放的腳步，而服儀的開放尤其明顯；在所謂

教改的大政方針下,大學數量急速增加。[1] 根據教育部2001年的統計資料顯示:在1993年,台灣地區僅有51所公私立大學及獨立學院,但是,到了2000年,大學數量已增加為127所,至2005年,更暴增為162所;短短十二年之間,驟增了3倍。隨著學校數量的增加,大學入學錄取率已達85%以上,並逐年提升。隨著校園制服的開放,學生的穿著打扮也打破舊有的循規蹈矩,普遍性的改善了校園的文化。其中,最明顯的裝扮是:跨褲嘻哈風及重型染髮的次文化裝扮。女學生也有部分的跨褲表現並蓄留短髮,體現中性特質。低腰褲也逐漸成為許多學生流行的穿著,甚至露出股溝,體現前衛的作風;隨著這股風潮,青少年自我表現的方式更加五花八門,緊接著染髮、打洞、穿環(包括耳環、舌環、唇環、鼻環、肚臍環等)、接眉、刺青、彩繪等五花八門身體體現早已充斥在校園生活空間。

　　未等2005年的髮禁解除,花樣年華的青少年早已勇於用行動表現自己的外在了。同儕之間大量運用身體體現的語言,表達了他們世代的相互認同。在後現代社會變遷(social change)之下,顯然青少年的價值變遷也明顯快速。根據作者的觀察與對學校老師間互動之瞭解,甚至從許多他校同業的觀點中,都發現他們普遍初期很難認同與接受這股次文化趨勢的轉變,並以偏見的眼光看待這種轉變;諸多青少年行為因素,以致於

【1】資料來源:教育部全球資訊網。http://www.edu.tw/index.aspx
　　上網日期: 2006年10月27日。

許多師長因為不能順應這股變化，而與學生之間漸行漸遠，甚至產生教學心理障礙，僅著重學術教學而偏廢道德與行為的教育，也令作者為下一代的教育深感憂心。從各項青少年行為指標日益下滑，相關當局也開始憂心青少年學子的品德操守每況愈下，政府在2007年也開始大力將品德教育政策挹注各國中、小、高中到大學。如何深入瞭解青少年的內心世界呢？吾人身為校園的訓輔工作者，體認這股師生間的日益疏離的改變，確實有責任深入瞭解青少年身體體現的發生原因與真實意涵。藉此，也可以提供校園教職輔導人員、家庭長輩甚至社會大眾，對青少年這股趨勢產生正負觀感的思考空間。

第二節 髮禁解除該與不該

2005年9月，隨著髮禁在校園中正式要求解除，在我所任職的校園裡，服裝要求也隨著寬鬆。而令逐漸作者感受強烈的，就是校園中觸目所及儼然像是青少年的服裝造型展示場。對我而言，看見年輕學子在校爭奇鬥豔、奇裝異服已是司空見慣之事，部分學生力求在同儕面前標新立異與眾不同，於是乎跨褲、迷你群、刺青、紋眉、接睫毛等原不屬於純淨青少年的青春扮像，也在這幾年快速的擴散，體現於校園的各個角落，充分反映了這個世代青少年所欲表達的身體語言。屬於所謂五年級世代的我，想要與這些身體體現獨特的七年級世代，找到體現共同點著實不易，而作者也曾想嘗試將髮型、穿著打扮特殊，但最終還是不敢勇於嘗試，甚至體現刺青、穿洞，那更是萬萬不能接受的事，然而許多七年級的青少年不但做到了，並且還趨之若騖，到底們他的動機為何？值得一窺青少年內心的真實面貌。

雖髮禁已除，然目前仍有部分私立高中職校保留原有髮式規定並定期檢查，這些學校招生情形多半相當良好，這種現象可以理解台灣社會仍有許多師長及父母對傳統紀律教育的堅持與認知，他們擔心青少年時期受到形形色色的感官刺激與過度自主，容易干擾求學心思，心靈上亦較易受到誘惑，因此在國高中時期堅持外在統一規範，避免過度自由而影響行為變化。

這些年來我經常在校園裏看著、走著，處理經常突如其來的師生衝突，目睹青少年男女言行，自我意識日益高漲，並常見老師感嘆如何教育下一代的無奈。尤其對於奇裝異服的青少年，經常都是師長間討論的焦點所在。到底這些特殊造型打扮的學生在表達什麼內心的想法呢？他們是否與老師眼裏的偏差學生劃上等號？或是師長的思想偏執呢？亦或是青少年已能勇於自我表現展現創作及免於壓抑的解放？髮禁解除該與不該？基於我問題探索的動機，決定試圖從世代間的特殊性與社會脈絡裏，找尋特殊身體畫布學生身上的真實答案。

　　從特殊身體體現青少年的身體表現意象與方式，探究其價值變遷與認同上的差異性。期望藉此探究能有效瞭解青少年學子在次文化身體體現背後的真實意涵。

　　以下個人提出四項重要的問題意識：

　　1.根據青少年世代的特殊性，我們可從社會脈絡角度看出其中次文化身體體現的變化為何？

　　2.青少年普遍身體體現的變化是否屬偏差行為？亦或正常身心發展現象？

　　3.青少年學生次文化身體體現之意象，與其社會價值與自我認同的關聯為何？

　　4.現代青少年以何種方式體現自我，身體體現意象又為何？

　　青少年學生時期面臨許多新奇但充滿壓力的經驗，例如，青春期的生理變化、進入新學校念新課程，嘗試與異性交往等。對他們而言，這些都是「既期待又怕受傷害」的心境。他們對未來有相當程度的不確定，卻又必須為未來的社會角色

作準備。因此，比起成年人，會有更極端的情緒變化。他們常常擺盪在興奮、快樂、憤怒、沮喪等正負兩極的情緒當中，也容易形成自我認同混淆的危機，進一步造成許多社會問題。青年學子的身體體現隨著文化的快速轉變，所表達出來的身體語言與身體意象，也快速得讓人目不暇已。面對社會變遷與青年學子行為觀念的快速不變，學校教師、輔導人員必須儘速接受與學習環境改變的事實，而積極修正創新輔導觀念與作法，才不致讓學生抗拒教育的關懷。因此，現代父母與師長及輔導工作者，有必要瞭解青少年學生的次文化身體語言，協助青少年選擇正確人生觀並提供發揮想像空間，轉為積極而有活力之價值取向，期有助於教輔人員更透徹了解青少年行為取向而強化輔導的周延性。

第三節 奇裝異服與行為優劣是否劃上等號

　　現代社會中作者工作與生活領域裡，經常接觸到許多老師與家長都曾普遍出現這樣的怨言：「現在的孩子很難管教」。然而，現代的孩子出現問題了嗎？那麼是父母教養無方？離婚率升高？網路資訊科技問題？教改政策不當？多元社會價值觀衝突之相關因素？的確，不難發現在社會變遷過程中，傳統價值觀與現代價值觀經常有同時並存的現象，多元文化也造成許多家庭兩代之間觀念衝突情形時有所見。許多人對於判斷事物好壞、對錯、真假與美醜也經常以外型直覺作為論斷標準。在我任職校園的接觸觀察中，老師及家長對於青少年學生的身體次文化表現，直覺視為偏差行為的不良學生大有人在。

　　以女性露股溝為例，傳統師長印象多半視為不雅穿著。不過作者發現：喜好穿著低腰露股溝的女性學生，其中仍不乏有品學兼優的學生，並非全然屬於叛逆型的刻板印象。2004年，在作者指導的社團幹部中，何姓社長在校經常獲獎，操行、學業特優，且每學期都是爭取前三名成績的女同學。當時的她，最喜歡穿著低腰微露股溝的牛仔褲，同儕女性如此穿著也不勝枚舉。她們對於自己不經意的露出股溝似乎早已司空見慣，也不太在意他人觀感。她也表示：穿著低腰褲是為了流行與美觀，顯然與大人認為不太文雅有所出入。

個人因此決定從社會建構的角度出發，對次文化身體所體現的行為意象，探討現代青少年學生對次文化身體體現和社會價值變遷與認同差異之關聯性，並觀察青少年是否因其個人、家庭或學校、地域、年齡、性別等不同背景因素而改變其價值觀，有無產生認同的差異與行為偏差甚為重要。冀望藉由研究的過程與結果以明瞭青少年學生身體體現的實質次文化意象思維，俾供政府決策單位、相關輔導機構，以及父母與師長在擬訂青少年文化政策與輔導措施之參考，歸納以下的主要探索目的：

1.瞭解青少年身體體現的方式，及世代青少年的行為意涵。

2.探討青少年身體體現的社會脈絡及身體體現歷程的轉變。

3.分析青少年次文化身體體現與價值變遷及認同差異的關聯性。

4.根據分析調查結果，提供輔教機構作為行為輔導與道德教育之方向。

第 二 章
文獻回顧與理論探討

首先，本書將從青少年學生身體體現方式的緣起與變化作為研究起點。其次，針對國內相關文獻研究進行回顧與檢討，藉以瞭解當前研究取向的優點、缺失與可突破的研究方向。接著，以身體體現為主軸探討價值變遷、認同差異等三個概念所架構的理論觀點作為本書的理論基礎。再對本書的重要名詞加以釋義，最後提出一個可分析次文化身體體現意涵的理論分析架構。

第一節 文獻回顧

在一個技術迅速擴展的社會中，人們在身體體現的社會、經濟和法律地位方面，這些宏觀變化產生的後果是，人類身體已成為許多社會科學與人文科學研究的焦點。這些變化能否帶來人類身體的標準化和理性化的擴張，或者，控制論提供

自由與社會變遷的新形式，是文獻中經常爭論的一個論題（馬海良、趙國新譯，2000：8）近三十年來，由於臺灣地區社會變遷、經濟發展、教育水準提高、大眾傳播發達，人民置身於瞬息萬變的環境，價值觀念或多或少受到影響。尤其年輕一代所接受的社會化內容迥異於上一代，價值觀念日益改變，值得深入討論。本書以社會建構觀點切入，藉以瞭解青少年社會價值變遷因素與自我認同差異與身體體現與次文化之關聯性。

一、價值變遷與認同差異

（一）認同與差異

認同被視為具有某些本質上的核心，而這些核心可以將某個團體標示出來。另一方面，認同被視為某種偶發(contingent)，也就是說認同如同各種構成要素相互交會下的產物。這些要素包括政治論述、文化論述，以及特定的歷史。認同是透過差異的標示打造出來的，而差異的標示則是透過再現的象徵體系，以及各種社會的排除形式而產生的。所以，我們可以這麼說：認同不是差異的對立面，認同取決於差異。在文化中，劃出界限與標示差異的方式對認同的瞭解是至關緊要的。差異就是被用來標示自己與他人的認同，以及建立人我區別的那些事物（林文琪譯，2004：39-40）。

後現代的校園中，民歌、吉他、ㄒ恤、牛仔褲或可能讓師長得到共鳴，但那絕不是這個世代所認同的主流文化，隨著社會變遷、大眾傳播發展及偶像崇拜等因素影響，現代青少年

的身體體現的確與以往有顯著的差異。因此，青少年對社會價值觀與自我認同所產生對自己思想與行為的結果。藉由這個結果產生個人對事物的看法，而青少年的外在身體體現包括：穿著與打扮的展現，與對自我身體形象即與上述因素息息相關。這個結果日積月累產生個人對事物的看法，再從這個角度去觀察、分析、研究青少年的身體體現則可以瞭解青少年體現的背後因素及其自我認同的各種面向。

（二）識別認同

　　社會秩序的維持是透過二元對立系統，也就是「局內人」與「局外人」的創造，以及藉由社會結構中差異類目的建構而完成。其實，象徵系統與文化中介了上述分類系統。經由類目的生產，社會控制開始運作，人們則根據社會體制的運作，來判定誰違反了社會規範，並且將這個人貶黜到「局外人」這個位置上。因此，我們可以這麼說：象徵分類系統與社會秩序是密切相關的。舉例而言，罪犯因為違法而成為「局外人」，並受到主流社會的排斥。這種身份的生產，是因為人們將罪犯與目無法紀視為相關，並且把這種身份與危險、受到忽視、邊緣化相連結。由此觀之，「局外人」身份的生產與「局內人」息息相關（林文琪譯，2004：45）。

　　認同過程(identification)是一種正在進行中的識別過程，透過象徵系統，以及確認自我和其他人眼中的自己是一致的，人們試圖尋找某些與自己有關的一體感。人們也從外在於自己的那些人手中，首次取得了某個身份；繼續與自己想要成為的

那個身份產生認同。然而，這個身份和自我卻是分隔開來的。所以，自我和認同過程永遠是分離的。從上述的角度做長期的觀察，作者發現相對處在校園中穿著造型打扮較傳統保守的同學，容易與同儕中次文化造型打扮較明顯的同學，互相歸類為「局外人」的位置。不論在校園中或團體裡穿著打扮層次較一致的同學較會相互群聚在一塊（ibid：61）。這樣的識別認同過程與青少年的價值變遷產生的認同差異是我試圖想要理解的因素之一，從透過社會建構的方式，窺探青少年身體體現的變化，藉以瞭解青少年認同過程的意象變化。

（三）自我體現的文化認同

　　穿著是自我表演的一種手段，但就個人的自傳而言，它也與隱藏和顯露直接相關，即它把習俗和認同的基本方向連結起來了（趙旭東、方文譯，2002：57-58）。從傅柯的觀點而言，身體體現的方式，乃受到規訓權力控制有很深的影響性。對作者而言，因為受到七年的軍事化教育，在自我認同，與身體體現上，舉手投足，幾乎是一股濃濃的軍人刻板風格，令人覺得身體體現僵硬的一層不變。相較於本書對象的青少年所展現多變又另類的作風，可看出在自我認同與身體體現上相當顯著的差異性。

　　關於文化認同，還有另一種雖相關但截然不同的觀點。其立場認為：除了許多共同點之外，還有一些深刻且重要的差異，這些差異構成了「我們其實是誰」(what we really are)。或可這麼說：由於歷史的中介，差異成了「我們已經變成了誰」

的構成要素（林文琪譯，2004：71）。綜合上述說法，可以了解自我認同是個人與社會、歷史、文化等交互作用長期發展的結果，也是一個動態的組織。包含個人及社會對自我本質之了解與認可，從認知、情感、行動等層面，充分去探索「我是誰」，以及「我將走向何方」等問題的答案。愈能達到認同的人，愈能有助於於青少年選擇自己所預期的人生。本書所欲探求的自我認同是結合青少年次文化身體體現的行為因素，與身心發展中的青少年產生何種認同差異做進一部探求；例如喜好刺青的青少年在自我認同上的身心發展是做自己或做他人？以上的問題在文獻回顧中就較少學者對此進行更深入的探討，因此，作者採深度訪談進行更豐富的資料蒐集，俾利深入及完整的詮釋青少年外在身體體現與自我認同之間的關聯性。

（四）社會變遷因素

每個團體各自擁有本身特殊的信仰、傳統、價值觀、規範，以及社會期望。這些不同區域的都市人口都有他們判斷道德規範或行為標準，在彼此往來頻繁之後，都將不可避免地造成文化衝突的現象。其中，Shilling的文化衝突理論(Theory of Culture Conflict) 提到人們的價值觀、習俗和道德標準都不一致。即使同一社會的不同階層也存在不同的次文化，擁有自己的信念、規範，和流行的行為；因為這些互異的團體必須與其他團體共同生存。所以，長期的文化衝突也隨之發生；事實上，文化會製造潛在的誤解與對立，特別是在附從的低階層團體中，有關順從與偏差行為的問題特別容易發生。近年來，由

於社會結構的轉變與風氣的開放，原有的道德規範與文化體系已不足以因應社會快速的變化，在這種社會文化衝突與傳統的價值觀與道德觀混淆的亂局中，青少年學生身處其中，除了傳統的升學壓力之外，還要抗拒愈來愈多不當的金錢與物質誘惑。對一個未經世事的年輕孩子而言，這是相當沉重的壓力。青少年階段，正處於人生旅程中的關鍵時刻。此時，他們的生理和心理都未臻成熟，性向尚未穩定，人格亦有待塑造。

工業化造成台灣社會特有的斷層現象，亦即在物質文化、倫理文化、精神文化的三者關係，發生了文化不一致的問題。所謂文化斷層，就是先預設任何穩定的社會，必然有其文化一致性的存在。當文化一致發生彼此之間的斷裂與功能性矛盾或對立時，就成為文化斷層的狀態。在台灣工業化過程，這種文化衝突包括：1.傳統文化與現代化的衝突。2.本土文化與外來文化的衝突。3.鄉土文化與都會文化的衝突。4.時潮文化與意識型態文化的衝突。三種文化（精神、倫理、物質）體系之間，已經沒有任何關聯性、合諧性與功能相關的存在，社會價值問題與社會道德問題應運而生。社會變遷的過程會造成某些衝突與相互關係的變化，價值體系的改變可能造成社會規範和文化模式的變遷、社會制度、社會結構亦會受到影響。社會系統中多數人共同的價值取向所形成的價值類型與社會規範、國民性格、文化模式有密切的關聯性（蔡峰月，2002）。

尤其在當前社會下成長的青少年，知識普及、個人主義的思想，經由家庭教育、學校教育、社會教育，逐漸深入青少年的思考體系。個人價值觀很容易受到社會環境的影響，而內化建構自我的價值觀。例如：在社會變遷下產生的網路優勢年

代，帶給社會的不全然是正面的效益。特別是近幾年層出不窮的網路觸法事件，從資訊內容、個人隱私、色情交易等屢有所聞。對於涉世未深的青少年族群，社會變遷後的網路科技社會，帶來的不單只是豐富多元的資訊交流，更可能會造成同儕間競爭追逐真實世界無法覓得的感官刺激。同時，也可能形成個人或群體偏差行為的養成溫床。

　　全球化(globalization)論述可說是當前最熱門的一個話題，尤其是隨著資訊化、通訊科技的發達以及全球金融體系的形成，全球事務更趨複雜化，國內事務與國際事務已經變得不再是那麼容易分辨。儘管全球一體化的快速發展，然而，學者對於全球化的論述卻相當分歧。大致可以區分為四種不同的研究途徑，分別是：從國際分工體系的「核心─邊陲」關係及其發展來論述的全球體系(world-system)研究途徑；強勢的全球性大眾傳媒對文化價值觀念的塑造與影響的全球文化(global culture)研究途徑；強調全球意識覺醒與地球村觀念的全球社會(global society)研究途徑。在眾多分歧的理論論述中，其實有一個核心問題，就是在面對愈來愈明顯以無距離與無國界為特質的全球化發展中，文化與制度的差距與差異還是與當前資訊社會的最大距離。種族融合、地球村的觀念成為當代的趨勢，以致於許多不同的文化價值觀，造成青少年對於自身次文化的倫理道德觀與種族觀產生許多的衝突。因此，現代青少年不再以單一的次文化作為準則（王柏鴻譯，2002）。

二、身體體現與認同差異

（一）身體與認同

　　人類身體之所以重要，不只是因為它為人們的生存能力提供基礎。也因為身體型塑了我們的認同，並構築我們世界中的定位與分類系統。身體的可塑性日益增加，也越來越受到人們的注目，這可說是當代人類自我認同感的重要產物。西方國家中存在著一種趨勢，身體被視為是某種「計畫」(project)，也就是身體如同個人自我認同的某個組件。它應該運作並履行其功能，青少年之所以會去刺青、穿洞，無非是受到同儕與偶像影響，只為證明它們是同夥的一種共同性的身體計畫。文化也是身體在場的一個偶發事件，主體性、認同、政治、論述皆透過人類身體的在場而型塑。Shilling（1993）指出：現代主義關於身體概念可以放置於四個廣義的論述區域內：經濟性的身體、人文主義的身體、生物性的身體及社會學的身體。在涂爾幹與韋伯一開始的著作中，社會學早已傾向於接受笛卡兒主義的心－身體二元區分，並將興趣聚焦於將心靈視為人類與社會存有的主要定義上。就此而言，古典社會學已經偏向於視身體為心靈的一個結果；身體的行動也因此被視為是一種描述性數學系統中的單位之一，身體的行動暗示著更為重要的心靈運作（林文琪譯，2004：95）。

　　如同傅柯所認為的，現在社會中身體成為權力的焦點，權力是讓身體臣服在自我控制的內部教化下而不像在前現代的社會中，只從外部來「標示」(mark)它。但顯然的，傅柯對於

權力和身體之間的關係，並不那麼單純假設身體在權力的運作下必然或自然而然的臣服。因為身體並不僅僅只是物理存在，它能否成為「溫馴的身體」還涉及主體性的問題。將身體視為一項改造計畫，並不需要將全部的時間，完全投注在身體大規模的轉變之上。不過，身體改造計畫確實意味著個體對他們自己身體的管理、維持，以及外貌是極為關注的。身體改造計畫為個體提供某種表達自我手段，並增加人們對其肉體的控制，以及對自己身體感到滿意的各種辦法。人們投注在身體上的心力是有限的，因為自我認同就位於身體的核心之處。

（二）自我實踐與規訓

自我，當然是由其肉體體現的。對身體的輪廓和特性的覺知，是對世界的創造性探索的真正起源。身體不僅僅是一種「實體」，而且被體驗為應對外在情境和事件的實踐模式。面部表情和其他體態，提供了作為日常交往之條件的場合性(contextualiy)或指標性(indexicality)的基本內容。學習成為一個有能力的行動者，即能夠在平等的基礎上與他人一起參與到社會關係的生產和再生產中，就是能夠對面部和身體實施持續的成功監控（趙旭東、方文譯，2002：51-52）。相對的，在行為身體的體現時，自我的實踐模式，投入在生活場域中，或參與人群的互動時，所展現自我的風格，也成為個人自我認同的行動指標。從以上的概念可以得知：身體體現與自我認同是不可分割的，也是本書所欲探求的重點。

在近期的社會理論中，傅柯分析了與權力機制有關的身

體，他尤其關注現代性環境中的規訓權力(discipleinary power)
的突現。身體變成權力的焦點，而這種權力，不像在現代時代
那樣盡力外在地「顯現」自身，相反的它臣服於自我控制的內
在懲戒。

　　身體的懲戒內在於有能力的社會行動者；他是超文化
的，而非具體地與現代性相聯結；在社會生活的時段中，它是
行為流的持續特徵。最重要的是：身體的慣例性控制是能動的
本質及他人接受(信任)為有能力存在本質的內在組成部分。對
身體規則化的控制是一種基本手段，正是藉助它，自我認同的
個人經歷才得以維護；與此同時，自我依據其肉體化或多或少
不停地「展現」在他人面前。過去，曾是自然的一個方面的身
體，卻要受僅僅是勉強服從於人的干涉過程那種根本性的統制
（趙旭東、方文譯，2002：53）。例如：校園制服、髮禁、亦
或刺青的身份限制等。為了能看到身體而且不只是成為一個停
滯不動的實體，而是變成傅柯意義上的商品化和「懲罰」，強
調這一點便是十分重要的。如果情況果真是這樣的話，身體便
會主要是一個解放政治的場所：那麼，在這一點上，便會使身
體從受掠奪的壓迫中解放出來。

（三）身體和自我實現

　　「身體」聽起來是個簡單的觀念，尤其在把它與「自
我」或「自我認同」等概念相比較的時候更是如此。身體是一
種客體，在其中，我們被賦予或注定去佔據這充滿健康和快樂
的感受源泉。然而，身體不僅僅是我們「擁有」的物理實驗，

也是一個行動系統，一種實踐模式。在日常生活的互動中，身體的實際嵌入是維持連貫的自我認同感的基本途徑，並可辨認出身體與自我認同有特殊關聯的幾個方面。身體外貌涉及所有身體表面的哪些特徵，如包括穿著和服飾模式。特定個體和他人都可看見這些，並且往往用它們作為線索來解釋行動。而行為舉止則決定著在一般的日常生活場景中個體對外貌的使用，它是身體在與日常生活的建構性習俗的關係中被動員的方式。身體的感性(sensuality)，則指對快樂和痛苦的性情把握。最後，還有我們身體對之服從的生活制度。隨著現代性的出現，某種類型的身體外貌和行為舉止明顯具有特殊的重要性。外貌主要標誌著社會認同而不是個人認同。當然，在今天，穿著和社會認同並沒有完全分離，穿著仍是性別、階級地位和職業身分的符號工具。穿著模式受團體壓力、廣告、社會經濟資源以及其他因素的影響，而這些因素的作用經常是促進標準化而不是個體差異（趙旭東、方文譯，2002：93）。因此，青少年可能選擇以身體語言強化表達的方式，凸顯對社會型塑觀念的一種抗拒。在高度現代性的後傳統的環境中，無論是外貌還是行為舉止，身體都直接參與到建構自我的原則之中。

　　本書欲突顯的是：青少年身體次文化的外在體現及社會價值取向之相關聯性；在文獻回顧的過程中，個人發現：學者並未深入以反向探求方式瞭解青少年次文化的外在身體體現的自我認同差異及社會變遷因素。因此，本書將以社會建構觀點來探討青少年次文化身體體現與上述的行為關聯歷程。作者擬以質性研究方法，以深度訪談方式進行資料蒐集，深入探討青少年的社會價值內容、看法。經由訪談可深入、完整的詮釋青

少年身體體現與社會價值觀之關係。

三、身體體現

（一）體現的重要性

很多概念都在變，身體變成界定自我群體和個體與他者群體和個體之差異的一個非常重要方式，也是達到自我認同的一種相當重要的屬性。自我屬於什麼的文化？這個文化怎樣運用身體？用什麼食物來滋養我的身體？用何種衣著來裝飾自我的身體？用何種方式把自我的身體和他人的身體隔離開來？然後，用何種方式來表現來達到，某種情感的、醫療的或最為人類學的一種人與他人之間互動過程裡非常重要的媒介？在這個面向上，體現方式是非常重要的。例如：染髮是不同的世代對美的標準不同有關。形式的表現有很多種，不同世代、不同的階級、不同的族群或是性別之間，可能會有很大的差異。藉由形象的改變，將不好的形象遮掩，這種體現方法基本上是在追求一個被人認可的美的標準，那是一個想像的身體形象。不同社會對美的形象標準是不同的，不同社群考慮這些問題的方式也不一樣（楊儒賓、何乏賓，2004：95）。

社會科學經常忽視人類最明顯的「事實」，即人是有身體的，是體現於身體的。人的生物存在是一種社會建構，由群體實踐構成。儘管在古典的社會哲學中，身體是受到壓制的主要焦點，但是，許多論證直接與人的身體體現問題有關。哲學中的精神／肉體問題和理性社會學中的自然／文化爭論可謂兩

個顯例。從根本上來講，身體社會學提出了自然與文化分界的含混性問題，身體社會學必須最終面對社會本體論的性質。由於人的所有屬性似乎都具有文化特定性，所以，很難把握似乎具有空間普遍性和歷史連鎖性的人類特點。社會學所展示的似乎是人類群體和社會差異，而不是它們統一特徵。在為長期存在的失業問題所困擾的當代青年文化中，身體被刺戳、打扮、紋身，成為原始部落屬性的集體符號標誌。儘管這些表明成員身分的圖案給人以強烈的感染力，但他們卻短暫而破碎的，並導致新部落主義的產生（馬海良、趙國新譯，2000：277-278）。上述的論點，也充分詮釋原住民的歷史印記與圖騰；而新一代青少年的刺青、穿環及特殊配件的體現是符號之歷史記憶嗎？這個觀點顯然是非常牽強的。

（二）體現的觀念與思維

許多論述身體的當代著作家宣稱，身體現在是自我規劃的一部份，在這自我規劃當中，個體通過建構自己的身體來表達他們的個人情感需要。於是乎，身體體現也可以視為一種情感的表達（馬海良、趙國新譯，2000：6）。若是如此，那麼它也是代表透過身體監控的解放，以身體體現之方式訴說自己的心理意象。以象徵互動論的角度出發，Goffman（1959）指出：作為一種實踐，身體可能在公共生活中違背人們的意願，發出未被控制和潛在地破壞或威脅社會自我的信息。因為社會學特別注重行動的意義問題，它最終是研究互動關聯的一門社會科學，因此，身體社會學必須建立在社會互動和相互作

用的環境之中某種體現觀念基礎上。一種完備的行動社會學假設必須始於能動者的身體體現，這種體現在日常生活永無休止地相互作用著。身體社會學的第二種傳統把身體概念化為一個符號系統，即把它當成社會意義或象徵符號的載體或承擔者（ibid：36-38）。

　　社會行動者的體現觀念和全面看待身體形象如何在社會空間發揮作用，是真正從社會學角度上理解身體形象如何有助於佔領社會空間和如何與他者互動所必須的一個步驟。再次，研究身體社會的方法建立在一種初步理解的基礎上，即社會學必須建立在充分理解社會身體在時間和空間上相互作用的基礎上，理解體現的公共性和性。每一個社會都面臨四項任務：1.時間上人口的再生產。2.空間上對身體的約束。3.通過紀律限制「內在的」身體。4.在社會空間中再現「外在的」身體。事實上，有身體就是被體現，所以說存在就是被體現的身體體現。身體不是一個客體或是一件工具；相反，我是自我的身體，我的身體是自我對擁有和控制的原初的感覺，我的身體是自我得以對其行使直接與固有統治權的唯一客體。因而，身體最終是關於存在與有、存在與擁有反思的出發點。身體體現的基本思想是：自我生命的有機體。是我並表達自我，它既是精神生活的自我體現，又是精神生活的自我表現性。因此，可以說，身體體驗問題是體現問題。生命有機體的現象學就是通過被遴選出來作為「他自身的」特有的有機體和在更高的層次上作為「我自身的」能為自我所掌握的有機體來進行意識的自動體現進行描寫與解釋分析（ibid：116-118）。

　　我們藉由身體的體現，無時無刻的與社會在做密切的互

動，身體做為象徵符號的載體，也記錄了個人的價值判斷，從上述的論調中，可以理解在身體體現的互動中，包涵了諸多複雜的背景因素，而這些因素也決定體現的面向。因此，青少年的刺青、穿洞、低腰褲等次文化體現可能隱含了不接受控制，而違背正面互動的內在訊息，或是環境、事物符號的傳達者。

（三）體現價值

「身體」不僅僅是屬於個體層次的，也可以是一種身體與其他身體連結關係的媒介工具。由於社會中的宰制階級掌握了權力—知識關係的論述建構，並透過權力關係的介入，特定的身體形象還可以藉由時尚、藝術、飲食、生活方式、教育水準等各種不同場域的轉換，進一步呈現出不同的身體價值。本書所要陳述的身體，也是一種表達的工具。這個帶信者藉由外在展現特定的價值觀，例如：透過外在的衣著模式、裝扮配件、紋身印記等身體語言(林文琪譯，2004：123-124)。我們的身體因為這些特定的身體形象與身體價值，而被他人「看見」。近年來，社會學與文化研究的身體文獻越來越多。這些研究多半將焦點集中在身體的形象(image)或身體如何被社會力量建構出來，很少有研究對「身體以其本身的條件而成為某種歷史與物質力量」的議題感興趣(Shilling ,2003)。他認為：「體現」分析需要對「身體物質性(physicality)如何被社會過程以及「自然的」過程所塑造出來」(ibid：91)。人類學者Thomas J.Csordas（1994）指出，自1970年代起身體人類學的研究可分為三大特徵：

1.分析的身體(analytic body)：聚焦在關於知覺(perception)、實踐(practice)、零件(parts)、身體過程(bodily processes)、產物(products)等分離且不同的分析向度上，這類作品產量最多。

2.主題的身體(topical body)：這是從和文化行動的特殊領域相關性來理解身體，像是身體與宗教、身體與性別等。

3.多重的身體(multiple body)：指身體的個數依關心者所認定的觀點而不同，Csordas認為：當「體現」被視為必然時，上述這些研究身體取向多少產生質變。他確認區分身體與「體現」之間的關鍵方法論是：「身體是經驗之物(empirical thing)或分析題材(analytic theme)，而體現是自我與文化的存在基礎地」(ibid：6)。

（四）體現與認同

本書透過西方長期專精身體研究學者的歸納分析，簡述這些大量身體研究的取徑類型，並說明本書為何選擇「體現」(embodiment)的研究典範視角，以及如何用身體實踐展現青少年次文化的身體意象。Jeffreys（2000）認為：符號、影像與擬像(simulacra)伴隨著大眾媒體的崛起，已經被迫使理論重新進行身體的概念化，及身體與文化之間關係的再概念化。因此，身體開始被理解為：在再現與文化中，被描述的、建構的或者被賦予且具有意義的身體，根據後結構主義者與後現代理論之觀點，身體需要以象徵過程予以「解讀」；這個解讀讓我們知曉身體所展示的文化中的意義為何。如此一來，「認同」

的身體論述便是將這些身體所屬的「身份」銘刻在身體之上，成為一種身體的印記。根據這些身體的「印記」，我們也就可以簡單地對於「身體」做出判別。再者，根據這些分類方式，我們可以在其他身上找尋與自己身體的「相同性」以及差異性。而具有相同特性的身體往往會被歸類同一個族群，具有差異性的身體就容易被劃分為「他者」。而且，Woodward認為：差異是以排除規則來鞏固其基礎的。所以，如果身體不屬於「我們」，那就是屬於「他們」。差異就是以這種方式，透過排除與自己身體形象價值有所差異的身體，成為身體認同的基礎（林文琪譯，2004：14）。

　　作者深思文獻回顧發現：許多學者在青少年價值變遷與認同差距的研究上多所著墨，但對於次文化身體體現則顯少涉獵；而將三者因素作進一步整合研究，則更顯少探究。因此，本書之重點則在於：如何將青少年的外在穿著與打扮的次文化身體體現因素分析其社會價值與自我意象；在不同的行為體現中是否存在不同的認同與價值的面向？進而分析身體價值觀在建構、解構與再建構的歷程中，大眾媒體、同儕、地域的影響性，以及青少年隨著年齡的改變如何建構與型塑成熟的自我概念，探索生命價值的過程。本書擬以質性研究的深入訪談為研究主軸，透過面對面的深度訪談，讓受試者有更多空間來表達他們未被預測到的想法，並以深入了解青少年的身體體現之社會建構歷程，進而分析青少年外在次文化身體體現與其價值變遷與認同差異間之關聯性。

第二節 理論探討

一、差異本體論

　　身體社會學論證發展更完備的身體理論研究所需的一系列步驟：首先，需要深入理解身體體現這個哲學觀念，體現是探索肉體性、感性和客觀性身體系統矛盾和歧視的一種方法。其次，身體社會學觀念必須接受體現的現象學體驗思想和我們在世界上所處位置的事實性（馬海良、趙國新譯，2000：50）。

　　事實上，人類的身體體現是馬克思關於人性本質和人類勞動特點的看法的關鍵特徵。對馬克思而言，人的存在不可避免地是感性的。馬克思對黑格爾唯心主義的批判所依據的基本論點是：唯心主義低估或無視人類活動的感性特點。唯心主義抓住人類存在的主體自覺性，但忽略存在的方式植根於感性的生產當中；唯物主義抓住人的自然定位，但把人轉變成僅僅對外部壓力做出反應的機器(Rotenstreich,1965)。身體體現是人對自然的感性占有中必不可少的條件，是實踐的前提條件。只有通過身體體現，人的感性能動性才能得到表達。人既然有身體，又是感性身體，這一推理過程形成身體社會學研究中的基本而連貫的主體。從這個意義上說，身體是自我控制的一種自然環境。就像環境中的其他現象一樣，自我可以嗅、摸、聞、看到自己的身體。然而，自我也必須有我的身體，才能嗅、

摸、聞、看、聽。在通過環境進行控制的過程中，首先和直接
地擁有自我的身體，與我擁有的其他物體的方式不同。我擁有
我的身體，但也意味著我的身體擁有我，因為我的身體的退出
同時也就是我的退出。然而，這種身體的體現在根本上講是社
會性的，因為自我的本體論必然是社會性的（ibid：326）。

　　從馬克斯的論點看來，在身體體現的方式中，感性是重
要的隱含因素之一。也就是說，青少年在體現他們的次文化意
象中，也同時在訴說自己的生命情感，並非一昧的被認為反
叛。在同儕之間，或可能因較為突顯的肢體語言，而獲得較多
的認同與連結。這使我想起自己在國、高中時期，也會刻意的
修改制服，在校規尺度邊緣遊走，相對的，也獲得較多同儕友
誼，而被認為是較有個性的與主見的一群，也因自我的體現，
而體現出自我，更從體現中產生自我認同。

　　社會學認為：人類所處的現實是由社會建構而成的，在
某種程度上，它體現了馬克思的觀點，馬克斯認為：人將自己
作為自然本身的一種力量對立於自然，為了以一種適應於自己
需要的形式佔用自然的生產，人使胳膊和腿，頭和手，身體的
自然力量轉動起來。就這樣，人通過作用於外部世界改變了外
部世界，同時也改變了他自己的本性 (Marx,1974：173)。社
會化過程是一個階段性的歷程，每一個階段的社會化都需以
前一階段為基礎，再發展新階段的任務，需改變前一階段的行
為和態度 (林崇德，1998：298)。社會化創造一個「意象中的
我」，即個人經過與他人的互動和溝通，逐漸在腦海中形成一
個「我」的概念。社會化的目的之一，是灌輸角色紀律和規範
模式，個人將規範內化為自己的行為和價值觀念，從而表現在

個人行為上(彭懷真，1994：138)。

二、社會學習理論（Social learn theory）

　　社會學習理論原本衍生自行為學派（behaviorism），在一個特定環境中的「時代精神」固然能塑造個人的思考方式，但個人思考結晶也能倒返過來指引「時代精神」的發展方向。亞伯特·班度拉（Albert Bandura）對於心理學的主要貢獻，便是他的學說。原本出自於學習理論，卻不受其羈絆，而能融合認知理論（cognitive theories），發展出社會學習理論。依照社會學習的觀點，人類的心理歷程是透過個人與環境中的決定因素不斷相互作用而形成的。因此，符號性的、替代性的和自我調適性的歷程，在心理歷程中都扮演非常重要的角色。

　　社會學習理論的另一個特點是：強調個人自我調適的功能。人類可以知覺到環境中對自己具有吸引力的各種誘因（incentives），然後運用認知的方法預期自己行為可能產生之後果，來調適並控制自己的行為（廖克玲，1982）。 社會學習理論認為：人出生時有如一張白紙般，直到與外在世界互動之後，受到生活週遭環境的刺激，之後慢慢學習到相關的行為。換言之，人類的行為是經由社會化的過程學習而來，但由於每個人所處的情境脈絡不同，因此結果也會有差異。青少年的偏差或犯罪行為，就如其他的行為一樣是透過學習而來的結果。行為主義中的社會學習理論認為：人類的行為乃是經由學

習而來的，是與環境互動或刺激的產物。因此，行為是不斷根據外在的經驗而改變（許春金，2000）。Bandura 的社會學習理論認為：行為不僅是透過直接經驗學習而來，也包含觀察他人之行為結果或模仿而造成的。此理論認為：行為的發生主要是向環境學習而來。個體在行為的學習過程中，除個人的親身體驗決定行為增強與否外，主要係觀察他人的行為而產生「替代性學習」的結果，亦即一般所謂的觀察學習。

　　Bandura 的社會學習理論主要提出觀察學習與模仿來說明，他所謂觀察學習係指個體以旁觀著的身分，觀察別人的行為表現，即可獲得學習；而模仿係指個體在觀察學習時，向社會情境中某個人或團體行為學習的歷程 (張春興，1996)。所以，社會學習理論強調個體、行為與環境三者之間的交互作用。根據 Bandura 的看法，行為觀察學習主要從家庭、同儕團體、電視及書籍等大眾傳播媒體學習而來。其中，傳播媒體所營造的示範作用及效果最大 (Bandura,1997)。因此，該理論認為：行為乃受到其結果所決定。如果行為結果受到懲罰或受獎勵，則人們將會學習該行為，反之則否 (許春金，2000)。班都拉也認為：青少年透過觀察歷程就能進行學習，並不需要個人親自體驗並直接受到懲罰，經由觀察學習 (obervational learning)，被觀察者，亦即示範者 (model) 的行為就成為觀察者「楷模」，再經由自我系統 (self-system) 的作用，觀察者「模仿」(imitateion) 了被觀察者的行為表現，編碼停貯在於個體內部，進而顯現相似的行為。此種觀察學習歷程，可稱之為「模仿歷程」(黃俊傑、吳素倩，1988)。青少年們因為偶像崇拜而開始注意偶像的所作所為，並以象徵性的形式，如：將

身體刺青輸入到個人的自我系統中，青少年們透過媒體的再生過程，重新獲得象徵性符號，指導自己的行為，仿效偶像相似的行為，而青少年們顯現出與偶像相似的行為時，外在的增強即可能發生，「觀察」與「模仿」是青少年刺青行為形成的根源。

第三節 理論基礎

一、身體體現之社會建構論

　　關於身體觀之研究，各種理論皆有對社會力 (social force) 解說的不同論述，以及關於社會力是如何影響身體觀的討論。但是，各理論取徑皆討論了社會力對身體觀之衝擊。社會建構論 (social constructionism) 視身體展演是由社會所型塑、牽制，甚至創造。換言之，特徵與意義皆是由社會所創造，身體乃是社會意義之載體。而其他關於社會與身體兩者間關係的討論，諸如自然主義 (naturalism)，其討論主流形象對於人類身體的影響；後結構主義 (post- structuralism)，其提出語言分類決定了我們經驗之體現 (embodiment)；形象互動論 (symbol interactionism)，其則是將身體之管理與控制層面，置於相對行動者 (agency) 的脈絡來討論，但凡此種種皆不脫社會力如何影響與作用的範疇 (Shilling,1993)。根據Shilling的論述，將身體的體現視為社會建構之事物或對象的觀點之形成，主要受到四個主要面向之影響：Mary Douglas的人類學、Michel

Foucault 的著作、Erving Goffman、以及Bryan Turner、Arthur Frank等人關於近代身體的研究。其中，又以Foucault與Goffman的論點與本書最直接相關。

（一）Foucault全景敞視（panopicion）觀點

Foucault 視身體乃「論述」(discourse) 之產物與構作之物，也因為有Foucault 關於規訓身體的討論，「身體」才逐漸在社會系統中被視為一個重要研究領域與分析對象。事實上，「身體之理性化、權力和知識結合所產生的理性化」是Foucault 著作中一以貫之的主題。儘管大多數傳統哲學和社會學理論都認為：權力壓抑了慾望，Foucault 卻認為：權力不僅出現於否定的、規範的或壓迫的關係之中，而且是無所不在地體現於身體之上。權力 (power) 具有其建構性與生產性，而慾望乃是由權力與知識產生。而今，身體已然成為權力施展之領域與焦點之所在，而這權力已經不再像前現代那般明目張膽地顯露自身，而是服膺於一種自我控制的內在懲戒之中（劉北成譯，2003）。Foucault 認為：身體是權力模塑之結果，並且這權力滲透到個人的每一層面，體現在個體的行動、態度、學習過程，以及日常生活之中。換言之，它是將自身之外的凝視 (gaze) 轉化成為一種自我觀看、自我監視，進而迎合觀看空間之標準。因而，它也是一種生產性而非壓制性之權力。實質上，它「致力於生產各種力量，使它們成長、井然有序，而非汲汲營營地壓制，使它們屈服或是摧毀它們。」(朱元鴻等譯，1994：73)。而此一將人的身體視為一個體現 (embody)行

動者之看法，也影響日後身體社會學研究之焦點與發展。

（二）Goffman：自我表演觀點

　　Goffman 著重實質的身體 (material body) 層次，強調身體角色作為自我認同與社會認同間之媒介的重要性。在關於身體的討論中，Goffman 著墨於以身體作為行動者。而在其討論方法上，也有幾點特色，可做為我們對於 Goffman 論述內涵，以及對於身體作為一種社會建構觀點瞭解的切入點。其中，第一項特點是：身體是個人之物質資產 (material property) ，個人通常可由規訓與監視身體自我展演 (self presentation) 之方式來促成社會互動。第二項特點是：身體並非Foucault所言，是由社會力 (social forces) 規約所產生，乃是由一套共享的身體慣用語彙 (vocabularies of body idiom) 所決定。在 Goffman 論述之中，這一套共享的身體慣用語彙乃是一種用於將他人置入分類與將自我置入分類的系統。以上兩點揭示了身體所處的二元位置，亦即身體雖是一種從屬於個人之資產，但又會被外在的、非個人所能控管的共享語彙所決定。

　　在討論方法上 Goffman 的最後一項特點是：社會意義之存在對於個人認知與內在價值具有高度影響力。在這方面，Goffman 用了汙名 (stigma) 與困窘 (embarrassment) 這兩個概念為例，來對自我認同與社會認同兩者之間的關係加以說明。Goffman 指出：個人虛擬認同指的是個人是如何看待其自身，以及個人所擁有之認同(自我認同)；而實際社會認同指的則是他人如何看待「我」的這個面向。此一虛擬認同對於我

們的社會認同上，會藉著「一般人」、普遍的慾望動力所驅使，而對個人自我認同產生牽引、制約之效 (Goffman,1968：12；轉引自Shilling,1993)。雖然 Goffman 的觀點相對上周延了Foucault對於權力施展與運作中，缺乏行動者面向的探討，但關於共享的身體慣用語彙，是如何進行分類、何以維繫，以及可能受到之挑戰為何，此一重要論點，Goffman 卻未加以說明 (Shilling,1993：87)。因此，後來Turner所提出的身體類型學 (typologies of body)，就其意義而言，可說是對 Goffman 分析身體在時間、空間條件下所進行的再生產之洞見，做出理論向度上之豐羽。

社會建構論觀點的基本論點：社會實相 (reality) 是社會建構的，亦即在互動中創造。因此，作者必須分析的是發生過程 (Berger and Luckman,1996)。這個探究取向的基本假設是：藉由他們的對談活動，人們組成、創造與產生他們自己及其生活世界 (Shotter,1993)。當人們相互溝通或聯繫時，他們也提供他們自己的界定，並且回應他人的界定。也就是說，人們所具有的意義與認知，是他們自己、他人與社會實相相互溝通下被創造出來的。換言之，意義與知識是社會互動過程中被共同建構的 (Souza,2004) [2]。

---

[2] Souza,Tasha J.,2004," Collaboration In and of Research and Teaching. " http://www.roguecom/roguescholar/collaboration.html.上網日期：2008年7月30日

　　社會建構論是一種解釋社會現象的觀點，也是基於一種假設而形成的研究取向。根據社會建構論的說法，人類透過文化這層透鏡來瞭解自然環境。因此，自然環境不僅反映人類的態度與價值，整體環境其實都可視為人類意識影響下的產物。社會建構論的起源，有多種說法。根據 Hannigan (1995) 的回顧，社會建構論是從1970年代初期開始廣泛受到討論的。1973年Malcolm Spector及 John Kitsuse兩位學者將社會問題定義為：群體對於所認定的狀況表達其委屈及抱怨的行為。他們認為：社會問題並不是靜態的，相反地，社會問題是一連串事件的現象，問題的聲明建構了所謂的社會事實。聲明的內容並不強調其統計上的代表性，反而重視其問題形成的背景。

　　社會建構是社會的，而且關注焦點擺在人類互動與溝通過程與結果 (Leeds-Hurwitz,1995)。社會建構者所以關注過程與結果，是因為人際溝通維繫社會實相的同時，也「持續地修正或改變它」(Berger and Luckman ,1996：153)。社會建構論探究取向並不將溝通單純視為一種資訊傳遞或交換的事情，反而應被看做是：「一種過程，藉此，人們可以與他人聯繫或溝通，讓另外一個人實在地感同身受。」(Shitter,1989：145)。另外，社會建構論也認為：人們過去和現在的經驗會對他所生活的社會世界之瞭解賦予特色，也可能影響到與他人的互動關係 (Souza,2004)。因此，人際溝通創造與再創造、建構與再建構了我們的社會生活世界 (Penman,1992)。Shotter (1993) 指出：社會建構論者研究的是人際間持續溝通活動的伴隨生成與循環改變。我們的對話方式進一步的形成或建構出我們所知道或認識的生活世界，反之，我們所知道或認識的生活世界基於

我們的言談方式。換言之，社會建構論強調：「在此過程中，我們如何創造或再創造出我們自己。」(Shotter,1993)。

　　李幼蒸(1998)指出：社會建構論是一種社會的觀察，根據被觀察者對問題所下的定義，作為解釋社會現象的論點。社會建構論在這樣的基礎下，認為社會問題極為重要的是「怎樣」(how)而不是「什麼」(what)。該論點認為：在實際狀況與認知程度之間仍有很大的差別，應該細緻地區分，並且較為強調社會現象的認知層面。社會建構論提供我們一個理論的視界，對於「身體體現的觀點」，社會建構論提出：身體其實涵攝了一個權利與知識體制角力、鬥爭的過程；並且行動者透過與他人的互動關係，來模塑出對於身體觀之認知，以及對於行動之策略選擇過程發生影響。社會關係之網羅一方面產生出其所規約之身體觀；另一方面，亦透過身體觀之生產來再生產其自身。因此，身體不僅指涉了具體層次上的物質肉身(material body)、生物身體 (biological body)；還包含了抽象層次上的符號身體 (sign body)和社會身體 (social body)，而它們兩者應視為一不可分割之整體 (藍佩嘉，1995)。我們的身體體現的結果絕不是清清白白、自然而然就存在的，其中透過了社會眾多社會因素之競逐，既是根植於社會中之具體現象，又為社會關係網所決定。

　　社會建構論除了提供一套理解社會現象的理論，它也提供一套分析社會問題方式 (Hannigan,1995)。社會學觀點認為：個人的行為深受社會結構的影響，人際間的交往則存在著頻繁的角色互動。因此，個人的行為必須經由社會規範的約束，而表現適當的舉止。社會建構論者的共同信念是：人們看

待自己與他人的方式並非自然的或真實的，而是受到他們所生活的社會型塑或建構 (Senior Viveash,1998)。社會建構論者認為：對於社會問題之理解，最關鍵的問題在於：「問題的基本定義為何」，以及「我們對所居處的世界是如何賦予意義」。社會建構論者由三個面向來分析社會問題：問題的聲明 (the claim themselves)、聲明者 (the claim-maker)，以及聲明之過程 (the claim-making process)。對立的聲明所產生之聲明競爭，也因此磨塑出社會對該問題之認知形象 (謝文祥， 2000)。

　　所以，對於生活世界所認知的身體體現採用社會建構論觀點，則我們對欲探知之社會事實便能以問題之聲明、聲明者，以及聲明之過程等三個向度來勾勒、構作此一社會事實的梗概。在「身體體現」的議題上，我們便可以以身體展演者的行動策略選擇之動機目的與意義，以及體現的建構過程，做逐一鋪陳，並加以論述分析。當然，社會建構論的理論有其不足與侷限，諸如忽略生物性與自然條件的面向，而強調一切認知層次皆由社會環境模塑而來；並且，其理論本身隱含偏向鉅視或微觀，以及側重客觀或主觀兩種不同的路徑。因此，本書企圖採取折衷的觀點，以「身體體現」作為個體認同層次以及社會認同層次之中介，兼論社會建構論中主觀、微觀和客觀、鉅視層面。

第四節 重要名詞釋義

一、價值變遷（value change）

　　由於台灣社會的快速變遷，使得我們在許多生活上的經驗也因之而有所改變，因此對於台灣社會上近年來所竄升的一個身體文化現象的研究也就更加的重要。這樣的一個時代，受到西方文化與鄰近東亞多元文化的影響，我們對於身體的展演究竟有多大的程度上是受到多元外來文化的影響，以及身體在展現上又存在有多少的主體性？社會變遷是社會生活方式或社會關係體系的變異。這是經歷一段時間之後，行為方式及社會結構之改變。社會是人群相互關係的複雜組織；社會結構產生變化，人際關係與行為亦隨之變動。人們必須應付因變動而產生的新環境，這些應付新環境的因素，包括新的技術發明、新的生活方式與新的價值觀念。換言之，社會變遷不僅是社會結構的變化，也是人們態度、價值與行為的變更。

　　台灣近十年來的社會變遷，已經使傳統中國人的性格、行為及價值觀等有了顯著的變化。此一方面是來自科技文明，使人類文化交錯影響，另方面則由於工業社會的步調和特質也迫使們有所改變，再者人們改變自己以適應於新的社會環境。這些因素皆使得傳統價值觀隨著社會變遷而有所變化；其影響所及，包括社會化的內涵，乃至整體社會結構皆隨之改變。當社會變遷使社會價值改變時，個人為適應社會之價值改變，必

須自我調適改變，以符合當代之價值，獲得周遭環境之認同。台灣的社會變遷速度過快，傳統的腳步尚未遠離，現代的腳步已然接近，當此新舊文化交替衝突，致使今日眾多青少年，迷失於角色期望中，不知所措、難以適應。社會文化背景及其所形成的價值觀，與社會角色的概念有極密切的關係，是決定青少年態度與行為重要的內容，然而青少年對於次文化的身體體現方式，隨著時代及文化的不同而有所差異。無論社會變遷的規模大小，快速或緩滿，社會變遷通常有的共同特徵：社會變遷是不均衡的；社會變遷的開始與結果，往往是預想不到的；社會變遷往往引起衝突；社會變遷的方向並非是任意的，總是在特定的社會與文化脈絡中。

二、自我認同（self identity）

意指個體嘗試把與自己有關的多個層面統合起來，形成一個自己覺得協調一致的自我整體。這個整體要與個人所處的環境配合。本書所指的「自我認同」係指Erikson心理社會發展理論中的identity。「自我認同」一詞在國內的翻譯甚不一致，因而常造成意義上的混淆或誤解。最常見的翻譯包括「自我統整」、「自我統合」、「自我認定」等，因而在近幾年有關的文獻中，多將其翻譯為「自我認同」。

所謂「自我認同」即使自我要求與社會期望之統整。一個人必須先對自己的能力、興趣、性向、人格特質、價值系統、性別角色以及其他社會角色有清晰的認知，然後又能運用

自己的能力、興趣、性向、人格特質，根據他的價值系統來確定自己的目標及所要前往的方向，在社會上佔一席之地，並選擇扮演適合的角色。此一狀態的形成乃是個體綜合當前自我現況、生理特徵、社會期待、以往經驗、現實環境、未來希望等六個層面的覺知，統而合之，形成一個完整而和諧的結構。使個人對「我是誰？」與「我將走向何方？」的問題，不再感到迷失與徬徨。

三、身體體現（embodiment）

身體是一種文化的表象，經由各種不同的媒介所建構，尤其是語言建構身體。身體是一種文化概念，也就是說透過身體的形狀、大小及裝飾，可以編碼社會價值。因此，人類的身體並不是共同一致的觀念，而是一個很有彈性的觀念，視時間、地點及背景而有不同的解釋。「體現」指的是我們所感受到的意識從來不會是純意識的，意識總是體現在肉體及血液中，「體現」的概念告訴我們，意識經由身體擴散，而且經由身體表達出來，「我們」指的就是「我們的身體」。人類是肉體的生物，我們所能經驗的，以及對所經驗的如何去感受，是依賴我們擁有什麼樣的身體，以及我們所居住各種環境的互動方式。我們居住在這世界是經由我們所體現的互動；我們在這世界能夠了解及行動，是經由我們的身體，我們只能夠用苜根於身體經驗的的概念系統進行概念化。「體現」的定義是：我們經由身體尤其是知覺、情緒、語言、在空間的動作、時間和

性，生活在這世界及經驗這世界。「體現」的存在發生在每個人出生及生活的脈絡世界裡，世界是文化、社會、歷史以及人與人關係所形成的。

057

「體現」不是一個理論，它是另外一個思考及認識人類的途徑。近年來關於「體現」的研究著重在生活經驗，包括疼痛、情緒、暴力及身體心像的研究。如此一來，「認同」的身體論述辨識將這些深體所屬的「身份」銘刻在身體之上，成為一種身體的印記。根據這些身體的「印記」，我們也就可以簡單地對於「身體」做出判別。並且根據這些分類方式，我們可以在其他身體上尋找與自己身體的「相同性」(sameness)以及差異性。而具有相同特性的身體往往會被歸類為同一族群，具有差異性的身體就容易被劃分為「他者」了。差異是以排除規定來鞏固其基礎的。差異就是以這種方式，透過排除掉與自己身體形象價值有所差異的身體，成為身體認同的基礎。身體形象的象徵價值被權力、知識關係所建構出來之後，身體的意義是取決這種工具意義的特定論述之後，身體將不再具有主體性。本書的身體體現意指：對身體外表的行為裝扮，透過外在的行為展現，以表達內心的心象歷程。身體意象是社會性的產物，個體會受他過去的生活經驗及他人對他的評價與回饋，而透過社會建構歷程內化成自己的身體意象概念。身體體現與人格、自我概念及自我認同息息相關。它是一種動態的且連續的過程，會影響個人的日常生活行為表現。

四、青少年次文化（teenagers subcultrue）

指存在於青少年同儕之中獨特的思考模式、行為舉止以及價值觀念。「次文化」這個名詞其實並無任何負面的涵義，只是相對於成人所發展的社會文化主流而言，它是指一群人具有許多相似之社會與個人背景。這些人經過一段長時間的相處互動的結果，逐漸產生一種相互瞭解接受的規範、價值觀念、人生態度與生活方式。相互瞭解接受的規範與生活方式之統合，就稱為次文化。文化的選擇性與特殊性，不僅存在於文化與文化之間，同時也會存在於同一個文化之中。因此，任何一個複雜的社會，並非僅由單一的文化所形成，而係由主流文化及諸多次文化所共同形成。次文化是在某種社會階層或社會團體之中，其組成份子所形成的特殊行為習慣、思想方式、態度與價值觀念，因此這種特質通常和整個大社會的文化不同。在任何大社會中，有其核心的主流文化，但在另一方面，由於年齡、性別、職業、宗教、教育、地區、階級的不同，形成了許多不同的附屬團體，這些附屬團體各具有其價值觀念與行為模式，分別構成其次文化。一群具有相似個人與社會背景的人，經過一段長期互動的結果，會逐漸形成一種互相瞭解、接受的規範、價值觀念、態度與生活方式，即為次文化。

青少年次文化即是青少年為了滿足生理與心理的需要，發展出一套適合自己生活的獨特文化。它包括生活型態、價值觀念、行為模式及心理特徵等。這些不同於成人文化的次

文化表現於青少年的服飾、髮型、裝扮、語言字彙（俚語或暗語）、娛樂方式和行為態度上。青少年的外在身體體現即是一種價值觀念，也是一種行為模式，具有青少年群體所建構出的價值也是次文化關心的目標。

第五節 理論分析架構

從上述的理論探討與文獻回顧中，發現此一研究領域對身體體現意象的解釋不足，藉由理論基礎的援引，研究發展出一個身體體現/社會變遷/認同差異融合觀點的理論分析架構。如下圖2-1所示：

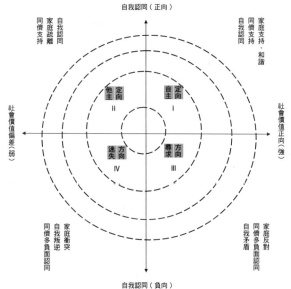

圖2-1：青少年社會價值．認同差異與次文化身體現理論分析架構

這個理論分析架構分成四部份，主要是代表橫軸的社會價值與代表縱軸的認同差異所構成。橫軸愈往右發展，則社會價值觀發展愈健康。反之，愈往左發展則社會價值觀發展愈負面。至於縱軸，軸愈往上發展，則表示自我認同度愈高，身心發展也較為健康，而愈往下發展，則表示自我認同較差。再由上述座標發展出四個象度，分別以符號I、II、III、IV代表，觀察青少年學生在次文化身體體現上所呈現的型式，並置於這四種象度之間；而身體體現呈現的四種型式，分類為「自主定向」、「他主定向」與「尋求方向」、「迷失方向」四種。茲將它們的操作性定義說明如下：

一、自主定向：

　　青少年經過正確的社會價值觀及高度自我認同形成階段後，面對現實環境及未來方向的選擇時，自我認同肯定。因此，在外在穿著打扮的身體體現上，則表現得大方、得宜，不會刻意以特有次文化的造型裝扮，來凸顯自我獲取他人的認同，而是以豐富的內涵，來贏得他人的尊重。

二、他主定向：

　　青少年在成長過程中，因家庭疏離，歷經負向的社會價值觀，但同儕人際關係良好，仍型塑對自我認同的肯定，而對其所認知的世界是理所當然的。在自主意識較強的思維下，較

不理會他人觀感，而以特有的次文化造型裝扮，獲取群體的認同。

三、尋求方向：

青少年雖然歷經健康正面的社會價值取向，然於成長時期未順利解決認同危機，而造成發展遲滯，延遲認同，或在困境中掙扎，以至於在徬徨不定中尋求方向。在目標不定的狀態下，其外在造型打扮的身體體現，顯得毫無自信，但卻另類突出，或隨波逐流，無法受大眾所認同。

四、迷失方向：

青少年歷經負面的社會價值觀，在自我認同方面也陷入危機。它使心理結構有所缺陷，轉變成負向人格特質，且缺乏自信，面對未來則感到徬徨而不知所措。此類型青少年在次文化的身體體現上，突顯出叛逆、負向的次文化造型體現；同儕間觀感兩極，經常以自我傷害的方式體現自我。

第三章
研究架構與研究方法

由於社會進步帶動經濟發展與科技繁榮，社會呈現多元風貌，如流行文化、偶像崇拜、傳播文化等因素，也使得身體語言也跟著展現出多樣化的元素風貌；而這世代的青少年也以獨特方式展現身體意象，以表達內心所欲求的身體語言，並連帶出青少年族群的價值認同。因此，本書首先為蒐集相關文獻，歸納已有之研究結果，以建構本書之理論基礎，並作為實證研究結果時之比較與討論依據。

其次，以立意抽樣法依性別、年齡、居住地等，篩選出身體次文化體現較顯著的學生實施半結構式的深度訪談、分析，以深入瞭解身體體現的相關因素及其價值變遷與認同差異，並深入瞭解青少年心理層面及對照觀察結果。最後，提出結論與建議以達成研究目的。本章將就本書所採之方法及步驟，分別依研究架構、研究假設、研究方法與工具、實施程序及資料處理，並加以說明。

第一節　研究架構

　　為順利完成本青少年身體外在型塑主題之研究，參考相關理論及期刊、論文等文獻，以及個人近年於職場觀察校園學子外在身體體現的行為變化。綜合整理後，衡酌因果關係與先後順序，探討社會價值觀與自我認同關係對應學生身體體現意象所建立的研究架構，其行為舉止經由外在社會環境、流行文化同儕關係及家庭思想觀念等影響，並經由大眾傳播、生活場域等方式使內在體系無所遁逃的接收而影響原有的社會價值標準，進而產生青少年特有次文化身體的行為展現。

　　依循前面兩章的問題意識與主要探索目的，以及理論探討與文獻回顧的展開，與理論基礎的援引和理論分析架構的發展，整理並歸納出本書架構如下圖所示：

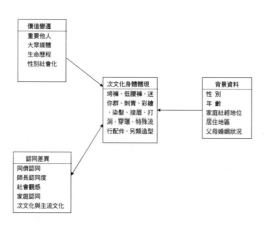

圖3-1：青少年身體體現與價值變遷及認同差異關聯之研究架構

第二節 研究假說

問卷與假設為研究之起點，本書將根據既成文獻的整理與分析相關研究理論之探討，以及根據研究預試結果，並基於前述問題背景、研究動機、目的、及研究架構，提出如下問題與假設：

假設一：青少年因社會價值觀變遷，改變外在裝扮身體體現。

假設二：青少年因身體體現不同，其認同差異上也顯著不同。

假設三：青少年身體體現與與世代間的社會脈絡有顯著關聯。

假設四：青少年目前次文化身體體現與期望次文化身體體現有顯著差異性。

第三節 研究方法

青少年外在次文化「身體體現」是本書探究的主題，目的在理解青少年身體體現意象與體現的方式及變化，如何發生？經驗了什麼？內心想法為何？並與家庭、社會價值關聯為何？整個研究過程可視為建構「變」的認知歷程。本書側重「被作者觀點作挖掘、洞察與瞭解」(Merriam,1998)，而「個案研究」(case study)，乃針對特定對象做縝密而深入瞭解的研

究方法，以符合本書所需，所以本書採取性質取向的個案研究。就知識論的立場而言，本書兼採詮釋學觀點與多元文化主義視角，希望能從詮釋學的角度與研究對象進行生命經驗的重構與理解，進而達到雙方「視域的交融」(畢恆達，1996)，並藉著身體多元文化主義擴展自己分析的觀點。青少年在接觸社會化過程中與進入成人期階段之前，透過身體語言所要傳達的內心想法、訴求方式，經常刻意的與眾不同。因此，本書將透過深度訪談的研究方式，以深入觀察與發現個中堂奧。有鑑於此，作者參酌國內外文獻，選擇技專校院青少年學生及師長為樣本，設計相關研究訪談內容實施分析。

一、深度訪談法

在社會生活世界的日常生活裡，觀察、傾聽與接觸是我們最常用來瞭解生活周遭的方法。透過語言與非語言的溝通和情感的交流，常可達到對話的目的。藉著傾聽方式的體現，作者可積極融入受訪者的生活經驗，感同身受受訪者的真正感覺，也瞭解受訪者述說的實質內容。訪談方式的進行可讓我們透過口語溝通的雙向過程，再輔以作者的傾聽和觀察，共同建構出社會現象的本質、社會問題的根源，以及社會行動的意義。在整個訪談過程中，訪談者與受訪者是夥伴關係的建立。這一層夥伴關係建立意指著：在訪談過程中，訪談者與受訪者係基於平等的立場，彼此積極的參與談話溝通 (Crabtree and Miller,1992)。

　　儘管採取質性研究法的作者大多同意：訪談者與受訪者是一種夥伴關係，但是，訪談者通常還是應將自己定位在作者的角色。在訪談過程中，訪談者的角色是藉由引導方式幫助受訪者在自然情境下，充分表達自己的內在感受與看法。整體而言，訪談的對話過程是由特定的情境與脈絡所組成。任何一種社會情境與脈絡，必然涉及人、事、時、地、物等五個要素。「時、地、物」代表訪談過程的情境與脈絡，也包括有形或無形的物理環境。「人」表示參加訪談過程中的相關人物，通常包括訪談者與受訪者。「事」則意指訪談過程中所傳遞的訊息、內涵，牽涉到語言與非語言的符號傳遞。

　　深度訪談法是有目的的談話，它是作者根據特定研究目的，而透過語言與非語言的雙向交流過程來蒐集相關資料。由於深度訪談可能引起下次訪談的開始，因此，訪談可反覆進行。然而，與一般交談對話不同的是：訪談的互動記錄需被作者完整的保留下來。在訪談過程中，雖然訪談者與受訪者可持續的互動，但受訪者可依據其自由意願而決定表露的程度。作者必須根據實際的訪談情況，而對訪談的問題、順序、形式或地點做彈性調整。在整個訪談過程，作者應盡可能使用最少的提示與引導問題，鼓勵受訪者在沒有限制的環境裡，針對訪談主題說出自己的意見(Neuman,2000)。

　　一般而言，深度訪談法的類型可分為三種：(一)結構式訪談：是指運用一系列預先設定的結構式問題來建立訪談標準化程序，再進行訪談；(二)無結構式訪談：基本上，它並不用先行設計一套標準化訪談大綱作為引導；(三)半結構式訪談：係指介於結構式訪談與非結構式訪談間的訪談方法。作者運用半

結構式訪談前，訪談大綱必須先根據問題意識與研究目的來設計，以作為訪談的指引方針。訪談過程中，訪談者不必然需要依循訪談大綱的順序進行訪談工作。訪談者通常可視當時狀況而定，再對訪談問題做彈性調整(Berg,1998：61-62)。

067

二、深度訪談之步驟與方式

觀察、聆聽和接觸是探求世界資訊的主要來源。訪談是研究資料蒐集的方法，企圖創造聆聽的空間，在此空間中的科學認知領域裡，意義是透過口語觀點之意見交換/共同創造所建構出來的 (Carbtree & Miller,1992：98) 。於是研究方法必須採取深度訪談法（indepth interview）作為主要的資料蒐集方法。研究初始，將於校園中篩選出符合研究架構之對象後，即開始進行訪談前說明事宜，並取得當事人之同意，同時向研究參與者說明本書性質、個人權益、研究進行程序、訪問進行的方式與保密原則等，並約定第一次的訪談時間與地點。另外，於訪談前送邀請涵表達對受訪者之重視，並附訪談大綱，讓研究參與者先行明瞭訪談內容，俾利預先準備。訪談前，即先填寫一份研究參與者基本資料表，簽署訪談同意書，正式成為本書之研究參與者，並且徵求作者的同意，在訪談過程中全程錄音。訪談時會輔以訪談大綱引導，以半結構式訪談方法(semi-stuctured interview)進行。但於訪談過程中，訪談問題的順序與用詞，仍隨著訪談的實際情境彈性調整，以期讓研究參與者在自在、安全、接納和同理的氣氛中，表露其經驗與情感。

　　另一方面，為了更加釐清研究的方向與內容，以改善資料蒐集的計畫，作者進入了前導性訪談 (pilot study)。在正式研究前，邀請一位協助訪談的人員進行前導性訪談。此次之訪談獲益良多，讓作者在較不緊張的情形下，練習訪談的技巧，並瞭解到自己訪談大綱內容不夠清晰、深入的地方，也接受了研究參與者的寶貴建議。在前導性訪談完後，及整理成逐字稿，與指導教授討論，確立研究內容、修正訪談方式以及文獻蒐集的方向。

三、文獻探討途徑

　　本項研究除藉由質性訪談途徑來蒐集有關資料外，並將參考有關國內外對次文化身體體現之研究報告或文獻，以結合客觀事實發現與理論指導的功能，使本書更為周延完整。本書研究步驟主要針對某技專校院學院學生、師長進行研究分析，主要可分為研究背景與動機、研究目的、校園相關文獻、研究範圍、建立研究架構、資料分析與討論、人員深度訪談、研究結論與建議。期能建構出研究結果，促使本書更加嚴謹與周延。

第四節 研究範圍

　　本書針對17~22歲的青少年學生進行研究，受訪之母群體樣本為技專校院學生為主。檢證本世代青少年在社會快速變遷下，所產生自我認同之差異性，進而改變其行為意象之身體體現，包含造型穿著等次文化身體體現的差異性。受訪對象包含學校住宿學生，其居住地區涵蓋基隆、台北、桃園地區，以避免因地域因素的侷限，而偏離研究結果。

　　第二部份針對技專校院師長、教官及行政師長為訪談對象，以受訪學生之導師、輔導教官及訓輔人員為主。目的在分析瞭解校園師長對次文化身體體現學生的認同差異度，及社會變遷對觀念態度上之變化程度，進而瞭解與分析師長心理傾向，以有助於輔教策略之參考依據。

　　本書擬以深度訪談的方式，來瞭解身體體現的內隱層面。訪談採半結構的方式，以降低訪談者效應，提高訪談內容的信效度。訪談的內容以研究架構為主，配合問卷調查的題目為訪談範圍，但重點在於探索青少年學生次文化身體體現的背後因素與影響關聯性，即以探索「why」為主要的訪談重點。訪談人數擬設定十二位學生及六位師長為原則，樣本分配力求符合母群體特性。

表3-1：受訪者青少年基本資料表一覽表

代號		A1	A2	A3	B1	B2	B3
性別		男	女	女	男	男	男
年齡		18	18	20	20	17	20
父母教育程度	父	高中	高中	國中	專科	高中	高中
	母	高中	高中	高中	國中	不詳	小學
父母社經地位	父	商	司機	商	鐵路局工務員	保全	軍
	母	家管	老師	家管	家管	不詳	家管
父母婚姻		良好	良好	分居	良好	離異(產後棄子)	父母雙亡(自己獨居)
居住地區		基隆	基隆	台北縣	桃園市	基隆	基隆
代號		C1	C2	C3	D1	D2	D3
性別		男	女	女	男	女	女
年齡		20	19	19	21	20	21
父母教育程度	父	大專	高中	高中	小學	高中	小學
	母	國中	高中	高中	高中	大專	小學
父母社經地位	父	歿	自由業	自由業	公務員	自由業	服務業
	母	家管	家管	家管	會計	教師	服務業
父母婚姻		單親家庭	良好	良好	離異	良好	離異(自己獨居)
居住地區		基隆	桃園縣	桃園縣	台北縣	台北市	台北縣

資料來源：作者自行整理。

第五節 研究工具與訪談設計

　　本書乃根據問題意識、研究目的、研究架構，並參考身體社會與認同差異之相關文獻，經過一段時間的資料蒐集過程，並整理設計之訪談稿，以萃取其真義。整個過程中不斷的反覆思索，找出與文獻的關係，以非直線的方式運作，基於此原則，研究資料的整理與方式如下：

一、質性研究的工具

（一）作者

　　對質性作者而言，作者本身即為研究工具。從研究問題的選擇，資料的蒐集與分析而言，常與作者本身的生命價值觀念息息相關。

（二）深度訪談大綱

　　深度訪談是蒐集當事人自述式資料最直接的方式。Mishler(1986)認為：訪談是一種交談行動，是受訪者與訪談者共同建構的過程。所以，在受訪互動的過程，並不只是將訪談前已存在受訪者心中的資料如數挖出，而是連受訪者與作者述說與問答中得到反省與溝通(胡幼慧，1996)。這不但可以把一

問一答的訪問變成經驗的分享與對話，更能夠共同建構一個彼此都能理解的敘述文本。作者與研究參與者的訪談並非止於資料的蒐集，彼此真誠的互信友誼，更能真切地分享研究參與者的生命經驗。

　　本書採深度訪談法，因此，訪談大綱是很重要的工具。但是，訪談大綱只做訪談的一個參考，因為在過程中，仍須隨著受訪者的反應、訪談內容、訪談情境，或是與作者的互動關係等情形，再適時修正訪談的問題，如此才能深入會談。因此，本書的訪談大綱為半結構式的設計。

（三）錄音工具

　　錄音機是輔助器捕捉整個談話的情境脈絡重要的工具，因此，徵求研究參與者的同意後，作者使用錄音的方式記錄訪談內容。在訪談後，隨即把錄音帶繕打成逐字稿，並將訪談內容做初步的整理與分析。相關準備如下：

　　1.準備錄音器材：錄音機、錄音帶、電池等。
　　2.錄音前進行測試，確保錄音品質。

（四）訪談日誌

　　訪談日誌為訪談期間所進行的紀錄，內容包括現場情境脈絡，受訪者言語中的停頓、音調，非口語的訊息，主題事件以及訪談的發展過程，訪談過程，訪談後自我情緒、想法的反思紀錄。這些資料有助於日後分析資料時，隨時回到事件情境

的想像當中，思考研究的問題以及研究的發展方向，或針對先前訪談的部份做進一步的事實求證與澄清。

二、青少年次文化身體行為體現問卷

（一）第一部份為「次文化的身體行為體現」以開放式的問卷設計，詳實瞭解次文化身體體現詳細資料，以名義變數的型式設計，由答卷者勾選題項，瞭解各個層面的體現訴求，以利分析身體體現與問卷問題內容之關聯性。

（二）第二部分為「目前期望與身體體現畫像」旨在瞭解受試者目前對自己外在穿著打扮的身體體現之期望表現，而讓受試者在問卷中描繪出自己目前認同中的次文化身體體現之圖像，並藉由自畫像，把自己心目中的身體意象投射出來。

三、訪談大綱設計

質性研究設計是一個開放式、具有相當彈性的設計歷程。研究設計是作者從最初設定要探索的問題，到有關這些研究問題的最後結論或答案的行動計畫。其內容主要包括：研究的問題意識、研究的提議或主張、確定分析的單位(個案)、研究資料和研究提議之間的邏輯連結、解釋研究的發現、撰寫研究報告。質性研究是一不斷循環、修正的歷程，從「經驗」、「介入設計」、「分析」、「理論解釋」又回到「經驗」(胡幼慧，1996)。因此，質性研究過程不是直線進行，而是一個

周而復始的循環過程，作者選擇一個研究的方案後，即一再重複探索的過程。

　　透過質性資料分類編碼，進行資料分析與研究結果之理解、詮釋，歸納整理出青少年次文化身體體現之社會建構觀點之關聯性，最後撰寫研究報告。質性研究具有不受先前決定之建構所限制，能於研究中提出完整描述，以深入理解經驗或現象之意義。

　　根據研究目的與研究架構，本書訪談方向與重點議題如下列幾點：

　　（一）從青少年身體體現的方式，瞭解青少年對自我次文化身體體現的潛藏意識為何？行為動機？而心目中期望的身體體現又如何？

　　（二）從青少年的次文化身體體現面向，瞭解認同上的差異性？社會價值正負向看法與價值變遷因素。

　　（三）生命歷程：對次文化身體體現顯著及較顯著的青少年中，試圖瞭解受訪者生命中發生的重要事件，而造成外在身體體現的改變。

　　（四）重要他人：瞭解受訪者身體體現受重要他人(含家人與同儕)影響為何？

　　（五）大眾傳播媒體：瞭解受訪者外在身體體現受大眾傳播媒體、偶像團體影響情形為何？探索青少年認同媒體中偶像人物的身體體現與價值觀念，及其認同身體意象的看法。

　　（六）從身體體現與的社會建構歷程：瞭解受訪者身體體現的原因及其自我認同取向的社會建構經歷情形與過程。

第六節 資料處理與分析

　　質性研究的資料處理方式，並非都沿用固定的資料編碼系統，且資料的編碼方式也隨著作者的資料分析模式不同而有所不同。本書試圖以紮根理論中，Strauss與Corbin所發展出的資料編碼分析程序進行。在紮根理論中，所謂的編碼(coding)是指將所蒐集到的資料給予打散後、賦予概念，再以新的方式重新將資料放在一起的操作化過程。此種協助作者型塑理論的分析程序是由「開放編碼」、「主軸編碼」、「選擇編碼」三種分析程序所組成(胡幼慧，1996：151)。

　　本書針對深度訪談所蒐集的資料處理與分析過程，說明如下：

一、資料處理方式

（一）謄寫錄音帶逐字稿

　　藉由不斷聽錄音帶和閱讀訪談稿，盡量使資料呈現受訪者的真實經驗，充分 掌握受訪者所欲表達的意義。從逐字稿中，標明有意義的句子，捨去和研究主題無關的句子。

（二）進行資料的編碼

1.開放編碼

在紮根理論中，開放編碼是所有編碼形式的基礎。所以，本書經由深度訪談蒐集到原始資料後，先將原始資料進行開放編碼，反覆閱讀文本。將原始資料以每一個句子、每一個段落或每一個文件、訪問的形式加以打散後，依據摘要內容將相關意義單位加以編碼，找出有意義句子的共同主題。即針對各類形式所代表的現象以概念化的形式加以命名，將同一現象的資料予以歸類方式，再將相同的概念聚集起來，形成相同概念的類屬，賦予更抽象的名稱予以命名。即將與主題相關的句子聚集起來，並補足因口語轉換成文字而遺漏的重要訊息，以使完整呈現受訪者陳述之原意。

2.主軸編碼

乃是將分散的資料經由新的方式又重組起來的過程，再做主要類屬與次要類屬之間的聯結。主軸編碼是為了整合複雜的資料而形成的，一般主軸的步驟為：使許多的主要類屬和次要類屬彼此之間產生關係、以實際的資料來檢證陳述、持續地找尋類屬與次類屬的屬性確認資料的面向區位、針對現象中的檢証加以探索與解釋(胡幼慧，1996：154)。本書經由文獻上既有研究結果與作者本身在進行資料開放編碼上的體會後，擬區辦出哪一個主要類屬是屬於因果關係與干預條件等，故開放編碼後才進行主軸式編碼。

3.選擇編譯

於扎根理論中，主軸式編碼是選擇編碼的基礎，而選擇

編譯意指：選擇一核心類屬作者有系統的說明與檢證主要類屬和其他類屬的關係，填補未來需要補充或發展類屬之過程(胡幼慧，1996：154)。作者依此編碼方式將明確本書之故事線，發展脈絡類型與發展理論，儘可能填滿需要補充或發展的類屬，將資料做綜合性的對照與分析。

二、資料的分析方式

　　質性研究資料分析，是伴隨著作者本身的典範與風格而有所不同。Miller與Crabtree於1992年提出四種資料分析的風格。本書採用其中一種：樣板式分析法。本分析方法需重複回到本文去檢視、修訂，再進行詮釋、分析階段。

　　進行質性分析，如果只站在自己的立場看受試者，難免落入分析評斷，必須離開自己，進入同理受試者，才能慢慢地瞭解再連結到自己的生命感應裡，兩個人之間的關係才會開始。因此，在進入受試者的世界中，去感受為什麼他(她)要表達這些？他(她)要告訴作者什麼？作者怎麼看待他(她)？在研究中要如何展現讓其他人也能讀得懂他(她)呢？

　　本書將分析問卷調查結果及深度訪談本文，以本文單獨呈現的方式說明資料結果。本書深度訪談報告之撰寫目的在於研究各組中青少年身體體現的意象訪談紀錄，在資料蒐集分析之時，描述和分析解釋社會建構是質性研究報告之核心，報告中作者將描述和分析常交互呈現，並用具體的例子溝通抽象的概念。

第四章
「花」樣年華：
凡體現必留下痕跡

本書採用敘說式研究，藉由十二位受訪者身體體現的生命
故事，深入了解他們家庭背景、生命歷程與身體體現之
關聯。受訪者包括六男六女，其中居住基隆地區五位，大台北
地區四位及桃園地區二位。本章共分為四節，依照理論分析架
構四個象限類型區分，每組三人。

　　作者與十二位受訪者均邀約在校園中的生活輔導組內晤
談室實施訪談，這是作者工作的處所，也時學生經常請假與洽
公的地方。受訪者對此環境非常熟悉，並且有親切感，加上作
者是生活輔導組組長及教官身份，經常與學生互動或處理學生
事件。因此，幾乎與所有受訪者都曾經互動的經驗。在訪談過
程中，受訪者也非常願意打開心房並侃侃而談。訪談的時間都
是利用學生的空堂或放學時間，並且在一對一不被干擾的狀態
下完成。所有訪談內容不清楚或作者欲做進一步釐清，則實施
第二次訪談。

第一節 美麗人生－自主定向下的身體體現

【代號A1】

一、檔案資料：

姓名：阿倫
年齡：十八歲
性別：男性
父母教育程度：高中
家庭社經地位：商
父母婚姻：良好
居住地區：基隆市

二、訪談情形：

作者與阿倫初次訪談，他依約而來。膚色白晰，眼睛炯炯有神，展現出特殊身體體現的自信心，一切彷彿有備而來。訪談的過程中，提到龐克樂團與流行音樂時，頓時充滿了喜悅之情，而欲罷不能。而在談到家人的觀感時，阿倫語氣則是顯露感謝之情。而他身體展演的態度，彷彿他的決定就是家人對他的決定，也因此，他決定以全身刺青方式做為生命日記的敘

述。在將近一小時的訪談中，他就重複提到兩三次。不過，當提到師長認同時，阿倫表現出被誤解的無奈。說到後來，則對老師負面的刻板印象而感到生氣與激動，在班上被師長認定壞學生的情緒，一時之間無法釋懷。最後又回到自己用生命故事以刺青方式烙印在自己身上時，則又開心的展露笑容。訪談結束，他大方的提供作者拍照，甚至表示隨時有新造型就會配合取鏡，似乎也忘卻與師長互動的任何不悅。在第二次補充訪談時，阿倫開心的表示在校園中遇到許多體現的同好，並將自己的好心情做了一些分享。他說社團正在為迎新表演做準備，大家都在努力加緊練習呢！

三、故事敘述：

（一）流行文化的吸引力

　　阿倫是個酷愛流行音樂的校園熱音社團的樂鼓手，現在擔任社長一職。從專一到專四，一路走來始終如一；經常配戴重金屬流行配件，著滑板褲的他，平常留個小山羊鬍。最愛戴著造型的牛仔帽，展現他特有的樂團風格；在訪談中，問他造型體現轉變的因素為何？阿倫不假思索的回答是音樂、樂團，流行文化契合到自己內心；從家人傳統觀念對他體現特殊的反對，到現在父母看到孩子乖巧懂事並對音樂的熱愛，早已轉化為接受與支持。從他自信的眼光中，看得出阿倫經歷的滿足與驕傲，無怪乎社長的地位屹立不搖；連學務長也覺得：阿倫應

該是同儕與家庭全力支持與認同其興趣而身體自主的大男生。

受到美國龐克樂團的吸引，豪邁的造型可在阿倫身上嗅出影響力，因此，流行雜誌、網路資訊、以及對次文化的探索也成為他最大的休閒工作。以創立樂團而成名為目標的他，也就不足為奇了。只是阿倫心裡明白：這條路在台灣只能當副業，畢竟仍有許多環境的現實面。

（二）兩個身體也不夠刺

「我想要全身刺青，就像畫畫一樣，把當下發生很有意義的事，紀念在身上…。」當然，目前的體現，是無法滿足現階段的他。因此，長髮及胸、鼻唇穿環、全身刺青是他未來的體現目標，對阿倫來說如此誇張的造型體現並不訝異。反而因此更充滿自信，還自嘲的說：「是一種自我保護的根據。」

看得出阿倫是個很富生命情感的大孩子，訪談中還表示：「刺得滿滿的還會覺得不夠，想要第二個身體，因為就很像日記阿，會不夠用。」就像他穿的耳環是為了認識一位好友的紀念日一樣，可以理解那剎那成為的永恆，印記在自己身上。那種體現的快樂與滿足，絕非他人可以體會，更難用筆墨來形容。

（三）他人眼中的反骨人士

阿倫表示：對於特殊造型的身體呈現，在台灣社會價值觀與師長的認同度仍存在負面大於正面的觀感。因此，在阿倫

的身上，感受也格外強烈。在阿倫的心裏，感受到社會多半是負面的傳統刻板印象。走在街道上，路人常出現奇怪的問號，甚至年輕的小混混也曾上前找碴；尤其在校園裡，經常是被老師對號入座的。對於師長觀感所烙印的叛逆反骨印記，常讓他覺得很不舒服，甚至感覺在分數給分上也有明顯落差。也曾經在課堂上被老師認定為壞小孩，一直遭老師言語的數落，沒講話也沒睡覺。認真上課卻被貼標籤，當下就覺得很無辜。我在訪談中發現阿倫激動的反應，令人為他感到些許委屈。

（四）年輕不留白

對於社會的負面觀感，阿倫仍堅定的走出自己的生命故事。阿倫認為：家人的支持給予他很大的精神支柱。重要的是：他認為師長應改變以往的刻板印象，並深入了解學生背景因素，才能加以評論。對阿倫來說：在身體造型上體現有意義的生命故事與生命情感，才是他現階段最重要的事。所以，別人的觀感如何，只是次要的問題了。

【代號A2】

一、檔案資料：

姓名：阿芝

年齡：十七歲

性別：女性

父母教育程度：高中

家庭社經地位：司機（父）、老師（母）

父母婚姻：良好（父曾外遇）

居住地區：基隆市

二、訪談情形：

　　初次和阿芝訪談當天，她穿著短裙及斑馬造型的長襪，造型體現活潑鮮艷。但她害羞的拉著班上一位同學前來，這位女性同學穿著相當短的迷你裙與高跟鞋。兩人平日經常在校園穿梭，吸引許多目光。在阿芝解除心理負擔後，才開始單獨進行訪談。訪談中阿芝很真誠的將家庭的過往一一陳述，對於感情事件也毫不避諱。她也大方展示體現的位置，供作者拍攝後腰部位的刺青。我想她已充分看出作者對他的支持與認同吧！由於拉起上衣拍照覺得不夠自然，約一週後他主動穿著露腰上衣，供作者拍照。雖然小時候經歷父親外遇，父母失和，但在

訪談中，阿芝對於破鏡重圓的家庭感到幸福，也珍愛自己的爸媽，其自信與滿足溢於言表。

三、故事敘述：

（一）獨角獸的小女生

　　阿芝是位勇於自我體現的漂亮高二美眉，耳上穿了許多洞。時常穿著各式各樣的造型絲襪、網襪或超級迷你裙，藉由造型穿著展現出青春少女鮮活大方的一面。腰部有一隻獨角獸的刺青是她體現最特別之處，如此的造型於校園中呈現，經常吸引旁人的目光；然而，在國小曾經父母失和的家庭，卻是阿芝和姐姐造型轉變的主因。尤其受到姐姐及外面玩伴的學習模仿，加上對報章媒體流行文化喜好的影響力，助長了阿芝體現特殊的大膽改變。

　　索性父親在阿芝國二時與外遇對象分手後回心轉意，並以虧欠的心情善待家人。同時，認同支持孩子的造型轉變，彌平了部份兒時對家庭的缺憾；曾為了想要取得父母關心，而刻意體現特殊與叛逆的阿芝，可以看出其對家庭溫暖的期待。

（二）角色扮演的錯亂

　　其實，父親曾鑄成的遺憾，仍具有相當的後遺症。在性別社會化的過程中，因小時候討厭父親，對男生相當反感。

因此，阿芝矛盾的想當個男生，享受男生在身體上的不被拘束與優勢，甚至刻意的陽剛造型，而博取同儕的喜好。曾經與國中學妹交往，並有親密接吻經驗的她，受父親外遇的影響，應該不容小覷。經歷了上述經驗，他覺得感情相當空虛與不切實際，最後自己選擇和對方分手。現在，阿芝有了位要好的男友，正巧是作者的訪談對象。而其男扮女裝的特殊身體體現(C1小衍)，足以令人瞠目結舌。

（三）生命中值得紀念的印記

「我在和他(C1)在一起兩年了，想要紀念他，就送給他一個生日禮物。」阿芝所指的生日禮物，就是後腰上那隻刺青的獨角獸。他把對方的綽號放在自己身上，將存在一輩子的紀念告訴對方，要讓對方知道在她心目中的重要地位。目前還說不出人生未來目標，只想開心做自己的她，是位情感非常豐富的小女生。未來身體體現，除了想把頭髮剪短染咖啡色，增加鼻、舌、肚臍的穿環。更重要的：是想把值得懷念的人，體現在自己身上，例如：在身上留下母親的容貌刺青，用女巫像紀念現任的男友，都是她的心願。讓人想起去年澎湖一位女生，將爺爺的相片刺在自己背部的這則新聞；從阿芝的身上，也可發現勇於體現的年代已在Y世代年輕人身上展現開來。

（四）追求美麗的勇氣

現在，阿芝的家庭一團和氣，父母也疼愛有加。尤其在

身體體現上完全支持孩子的自主性。因此，看得出來他外型打扮上所展現的自信。為了追求美感的體現方式，阿芝也不斷的嘗試不同的造型打扮，展現於校園之中，吸引他人的目光，連老師也覺得她就是喜歡漂亮，而非叛逆。但是，部份同儕會對刺青的女生保持距離，認為較兇不好惹。這點阿芝反到覺得那是保護自己的另一種方式而未嘗不可。功課上，會刻意求好成績，證明自己不只漂亮而且還有頭腦。比較擔心的是社會的負面觀感，將來在求職的路上吃上閉門羹。因此，刺青的位置也只好遮遮掩掩了。然而，她還是強烈的表示：「不是刺青、穿洞的人都是壞人⋯」。看得出社會、同儕的刻板印象在阿芝心理仍是生命中不能承受之輕吧！

【代號 A3】

一、檔案資料：

姓名：妞妞

年齡：二十歲

性別：女性

父母教育程度：國中（父）、高中（母）

家庭社經地位：商（父）、家管（母）

父母婚姻：分居

居住地區：台北縣

二、訪談情形：

妞妞是作者的最後一位訪談對象，在校參加熱舞社的她，造型變化萬千。12月上旬，她穿著應景的耶誕裝極為討喜。這件套裝下半身是迷你裙，除了時尚也非常性感，一般學生較不敢如此大方展現在校園；她很開心的接受訪談，但訪談中問及身體造型的轉變因素時，卻難過得眼淚奪框而出。因為光纖亮麗呈現的背後，有著不為人知的故事，而每一個體現的故事，她都如數家珍的放在自己身體與心裏。訪問過程，妞妞慣有的歡樂臉龐一下變成傷心的面容，但她仍大方展示身體各處的裝飾與印記。尤其在敘述肚臍鑽石型臍環的過程中，她散

發出小女生愛情的幸福洋溢之感，對此體現位置的美好回憶溢
於言表。

（一）神采飛揚的亮麗女學生

妞妞是位外型亮麗、青春陽光的活潑女生，大大明亮的
眼睛，神采奕奕，給人很正面的第一印象。造型穿著上也很有
自信，不論是垮褲、熱褲、迷你裙、低胸上衣的造型，妞妞都
很大方的勇於呈現在校園。其比較特別的體現方式，包含：耳
朵穿了6個耳環、1顆明顯的銀色舌環、鑽石型的肚臍環、捲燙
的棕色頭髮，以及長長的假睫毛。每每在校園裡看到她，都是
興高采烈的快樂身影，並且會熱情的和作者打招呼，充份展現
妞妞身體語言的自主定向。

（二）嚴管姐姐壓抑體現的開端

原以為妞妞體現的因素是相當正面健康的，但在提及造
型的轉變因素時，她卻瞬間掉下難過得眼淚。妞妞表示：在家
中是老么，爸爸媽媽都最疼她。但上面有三位姐姐，其中大姐
管得最嚴，二姐管得有些極端，姊姊們從小並非乖乖牌，卻希
望小妹能循規蹈矩，努力向學，而未在意她的內心感受。國中
時心態上很討厭姐姐，心裡覺得受壓抑而心生反抗。當時她內
心就堅定的告訴自己，未來一定在外型裝扮與人生方向都要與
姐姐不同，決定走一條屬於自己的路。當時，妞妞經常難過的
是：得不到姐姐的愛，只覺得嚴格的管教，讓她承受到很大的

壓抑；姐姐甚至會出手打她，而舌環的由來，就是專一時因為
大姐動手打她，她展開還擊和姐姐打架；幾度心情很差，就決
定在舌頭打一洞。另外，耳朵上的洞，也是因為高一男友分手
後而下的決定。至於肚子上那一顆璀璨亮麗的臍環，是因為喜
歡上學校另一位男生，想將他紀念在身體上，可以無時無刻的
想到對方。這位讓妞妞暗暗喜愛的男生，也是一位身體表現特
殊，並打洞穿環很多的造型大男孩。

（三）性感體現的背後

妞妞表示：穿洞會在第一次以後開始上癮，因而在日後
不論是遇到生命中覺得有意義的事，不管是好是壞，就想烙印
在自己的身上，這也是她決定體現的背後主因。專四開始，妞
妞決定一個人搬到外面居住，並開始穿的比較露感。她另類的
觀念是認為：如此穿著外表看來會比較叛逆，比較不會有陌生
人靠近。事件背後因素，是因為住在姐姐家曾經發生親戚手腳
不乾淨的憾事，而讓他決定獨居並改變露感的體現行為。到目
前為止，家人還不知道事件的始末，妞妞不想因此破壞了家庭
的情感。

雖然父親曾在妞妞小學時外遇生子，後來，父親還把孩
子帶回家給媽媽帶。媽媽屬於嫁雞隨雞逆來順受型的傳統婦
女，並未傳出婚姻危機。不過，現在父母都已分居，但她覺得
這些家庭重大事件並非影響她身體體現的主要因素。她認為父
母從小就最疼她，也覺得父親生了4個女兒，沒有兒子繼承。
因此，並不怪父親，和父母感情都很好，也深愛著爸媽。

（四）體現歡樂的好人

　　至目前為止，在家庭認同方面：父母及姐姐雖然習慣了她的身體展現的改變，但還是無法完全接受與認同。妞妞自己也擔心將來面對社會觀感會因體現特殊而受到工作上的阻礙；不過，體現上癮的她，仍想增加一些刺青烙印於身體上。只是考量社會觀感，位置會放在脖子及手腕上，可以獲得一些遮掩，也較為不明顯。師長方面對她妝扮也是負面的觀點居多，曾經有老師要求她拿掉這些環扣。也因此，妞妞面對老師說話時會心理作祟受到影響，嘴巴不敢張得太開。唯獨同學是最支持與認同她的一群；不過同學常會開玩笑的表示：舌環很噁心，要求她不要露出來。當然妞妞舌環暫時是不會取下的，因為會因此說話與吃東西變得很奇怪，在將來嫁做人婦才會考慮拿掉。

　　訪談至此，作者才發現：外表光鮮亮麗的妞妞會刻意的將家庭的負面因素隱藏起來；另外，雖然父親外育生子造成家庭危機，但因為父母的疼愛有加，並未造成妞妞心理成長的創傷，反而是姐姐的嚴格不當管教，造成她以叛逆的心態，而改變身體造型的呈現。妞妞覺得：特殊身體體現仍須有一定的尺度，不能踰越跨張到令人怵目驚心或出現過於反社會的風格，給人視覺上的厭惡。她認為：正常的穿環、刺青或流行服飾是符合社會觀感的。雖然在校課業平平，然而，妞妞自認是一個好人，也表示：喜好刺青穿環者並非屬於叛逆青少年，社會應給予正面與肯定的觀感才是。富有情感的妞妞，將生命故事體現在自己身上，並努力將歡樂敬播給週遭，以自己的方式彌平生命中缺憾與傷痛，更期望走出自己的美麗人生。

第二節 缺陷補充－他主定向型的身體體現

【代號 B1】

一、檔案資料：

姓名：鳳梨

年齡：二十歲

性別：男性

父母教育程度：專科（父）、國中（母）

家庭社經地位：鐵路局工務員（父）、家管（母）

父母婚姻：良好

居住地區：桃園市

二、訪談情形：

　　和鳳梨訪談是在校園第一次見面，因其臉上穿洞的特殊性，許多人向作者推薦，進而邀約見面並決定訪談日期。第一次訪談時，他的表現較為靦腆。訪談中，發現他非常隨性與隨和，個性也相當平易近人。而在訪談結束，感受到作者的誠懇，並觸動到其內心。在要求拍照時，竟調皮的向我做出鬼臉，並吐出舌頭，露出舌環的俏皮模樣。之後，他經過作者的辦公室，偶而會進來看看我，像是新交了一位朋友，並將生活

的近況和作者分享。除了熱舞社的團員們，鳳梨的身體展現方式，同學較不敢主動親近。因此，訪談過程對他的認同，使他很開心釋出善意的回應。第二次的訪談氣氛則融洽許多，也致贈邀請函請作者去基隆文化中心參加他的社團成果發表會。

三、故事敘述：

（一）長期被父親疏離的洞洞男孩

鳳梨是位渾身充滿動感細胞的穿洞大男孩，系上部分同學叫他洞洞男孩。臉上計有三顆耳環、唇環、舌環及下巴環，搭配特殊配件及低腰跨褲，造型非常搶眼，引人注目。他自我剖析身體體現的主因是：來自父親長期外地工作對子女的疏離，致使三姊弟較不受家庭拘束。在大姐開始穿環後，自己也開始學習跟進。最後，一發不可收拾。

大姐先在鼻子、肚臍上打洞穿環、二姐則在腰部刺青，而鳳梨除了模仿心態，也覺得爸爸常年在外，自己是唯一的男孩子。若以刺青、打洞、穿環來表現自己，在心態上相對的可以保護家人。外型可以反應出「不好惹」的一面，別人就不會來找麻煩。原來只是想穿個耳環就好，但繼續打洞的慾望已超越母親的反對聲。無怪乎鳳梨表示：刺青與打洞會不小心上癮。在問到打洞當下的主要因素時，鳳梨隨性的表示：就只是想以打洞來滿足自己而已。

（二）滿足上癮的打洞慾

在過去交往的一位女友中，曾經要求他能把臉上的穿環拿掉。結果只拿掉一天，就因為自己受不了而又全部掛了回去。他覺得，尤其舌頭的重量突然減輕，頓時說話變成了大舌頭而渾身不自在，反而失去信心。鳳梨加重語氣的表示：「這些臉上的環應該算是我生命中的一部份了吧！」。由於媽媽的反對，鳳梨回到家，除了舌環外，其他還是會乖乖摘下。媽媽所堅持的，就是中國人的傳統「破相」的觀念，未來運勢會受到影響。不過，年輕的鳳梨並不在意，反而期望未來體現能再誇張一些。

（三）生平無大志－人生快樂就好

雖不想背叛母親的旨意，但還是想努力說服母親應接受年輕人的新觀念。尤其在異性追求上變得左右逢源，較受歡迎。這點鳳梨覺得正是好運的開始，並會因為臉上的穿環與造型而顯得開心與充滿自信。除了社會變遷，時尚的潮流外，鳳梨表示：下巴的環，還是跟賭氣有一半的關係。因為大學升學考高分落榜，而重考又不順利，遭受家人的責難後，就以打洞來發洩不滿的情緒。個性隨性的他，不論開心與不滿，都以打洞的方式去表現心中的當下感受。

面對未來，鳳梨沒有太多理想。他只希望過悠閒的生活，最想開一間咖啡廳，可以和客人悠閒互動就是他人生最大的目標。因此，包含在校成績、同儕師長與社會眼光，鳳梨都

不太在意他人觀感或證明些什麼。他只希望把自己本份做好，讓自己快樂就好。

（四）社會觀感的枷鎖－展翅只能低飛

如果能和心愛的女友相處，而要求拿掉臉上的環，或去同學家同學提出父母對穿環朋友觀感的擔心時，他仍可以配合拆下這些體現的配件，不想因此造成他人困擾。本來一度想把耳洞擴大到可以穿筆（擴孔），也因擔心他人異樣眼光而作罷。他甚至想過：結婚生子後就會恢復原狀。原因是不想成為孩子的「錯誤示範」。看得出來，鳳梨仍強烈在意社會的負面觀感。對於刺青、穿環就認為他是叛逆青少年的社會觀念，仍常在他的生活周遭上演。尤其出社會後老闆對此決定錄用與否，都是他在意的事，這也難怪他會設定體現結束的時間表。看來鳳梨對未來所期望增加粗麵型頭髮與圖騰刺青的體現方式，仍無法向外國人一般自由自在盡情的揮灑。

【代號 B2】

一、檔案資料：

姓名：阿達
年齡：十七歲
性別：男性
父母教育程度：高中（父）
家庭社經地位：保全（父）
父母婚姻：離異（母不詳）
居住地區：基隆市

二、訪談情形：

阿達是位生性較隨興的高二生，和他訪談約定兩次都因忘記而爽約。第三次前來則是因為不喜歡的課才突然想到，連當日的造型穿著也相當隨興，垮褲穿到內褲都外露一半。外型比較早熟的他，訪談中話說得不多。語氣也略為低沉，就作者平日對他的了解其實並沒什麼落差。總覺得在他身體表現的背後，隱藏著許多不快樂的事。在談及他家庭的狀況時，完全沒有正面的言語。對於這位祖孫隔代教養家庭的高中生而言，缺乏父母的關愛，在訪談氣氛的疑結下，顯露得一覽無疑。在要求拍照時，他並不滿意當天的造型，希望改天自己前來，三天

後，會再主動前來拍照，看得出對外表的極為在意。作者向他表示：導師能認同他的外型體現。頓時，他微微的露出一抹笑容。不過，當他想到要提供自己的造型相片時，又是兩週以後的事了。

（一）體現大膽的高二男孩

阿達是位體現大膽的高二男孩，色系鮮豔的外在穿著一眼就令人印象深刻。甫從國中畢業進入專一時，就大方的將耳環、唇環、舌環、眉環、還有脖環並搭配特殊髮型、配件及服裝，坐落在穿著制服的班級裏，引起學長姐們很大的評論，並勇敢挑戰教官、師長的尺度。然而，活潑熱情的他，經常積極參與學生會活動並擔任班級幹部，很快的就打破同學及師長對他觀感的距離，在國中時期如此就提早特殊造型的學生尚屬少見。阿達體現形成的原因，乃是來自疏離的家庭。

（二）祖孫家庭的打洞男孩

「我沒看過我媽，生出來的時候她便不要我…」從小由奶奶帶大的阿達，有著和正常人不一樣的家庭背景。在他心目中，奶奶就像他的爸爸。因為在他的成長過程中爸爸從來沒有陪伴他一起成長。而是由奶奶父兼母職用心教育自己的孫子。年邁的奶奶不棄的教養令人動容，然而，奶奶嚴格的管教方式，還是令阿達有著複雜的感受。國中時的禁止外出，壓抑阿達外出體現的衝動。在外在特殊造型朋友的推波助瀾下，國三

那年的他，開始有了全新的嚐試。短短半年時間，就將自己外型徹底的改頭換面。阿達表示：「一開始穿洞有點痛，後來就不會痛了。」

（三）男人不壞女人不愛的迷失

因孫子穿環、染髮的改頭換面，使奶奶大發雷霆是可想而知的。在中國人的傳統觀念裏，奶奶對男生穿洞會破財、破相及身體髮膚受之父母的言語，經常在阿達身上不絕於耳。長大的阿達選擇外面的天空，對奶奶的叫罵聲早已司空見慣。似乎吃了秤陀鐵了心決定跟進髮禁解除後的開放尺度，和奶奶的思想背道而馳。不過回到家，阿達仍會稍稍收斂，拿掉一些臉上的配件。拿起髮禁前後的照片比較，阿達相當滿意自己的造型改變。尤其是在異性緣方面，確實也提升不少。身邊經常不乏主動示好的女生，似乎印証「男人不壞，女人不愛」的諺語。阿達在特殊體現方面的重要他人，是位大他七歲的造型設計師，其日式的造型風格，有非常好的異性緣，深受其尊崇並受其觀念影響，也對日本視覺系藝人「雅」倍加崇拜。因此，期望增加腳、頸刺青是他體現的目標，並期望未來能成為一位造型設計師，和身體體現的造型合而唯一。

（四）期望在外友人的溫情

因為出生在疏離的家庭，只有祖孫兩人的孤單世界裏，阿達期望在外能得到較多友人的溫情。這是阿達身體體現的真

正原因，難怪好玩的他，積極參與學生活動獲取友誼，並藉以
彌補心中的缺憾。從他自己感受到同儕對他正面的支持的肯
定，顯然有達到預期的目標。不過，在師長認同上就負面認同
大於正面觀感。訪談的最後，阿達強烈的表示：時代不同了，
用不著像從前較正式的方式穿著端莊，應該隨興自在，應該要
能展現出個人風格才對，這也是他對奶奶與師長亟欲表達的心
聲吧！

【代號B3】

一、檔案資料：

姓名：阿德

年齡：二十歲

性別：男性

父母教育程度：高中（父）、小學（母）

家庭社經地位：軍（父）、家管（母）

父母婚姻：良好（均歿）

居住地區：基隆市

二、訪談情形：

　　阿德是位身體瘦小的男生，和他訪談當天，穿戴方型硬質的帽子。有意藉此在視覺上把高度提升，這是他今年最常見的造型穿著。看得出他非常在意自己的外在，以及他人對他的評價，也是訪談內容中最在乎的一件事。約兩週後，阿德帶著女友進作者辦公室，這是我與他認識四年來第一次出現如此信任行為。除了表示他對我認同的親切回應外，也代表他身體體現變化後在異性緣方面的成就。隔幾天後，阿德又主動帶訪談中的重要他人與作者認識。阿德除當場表示他對重要他人的身體造型上的尊崇，更重要的是：阿德成為受訪對象後所展現的喜悅之情。尤其是他在身體體現改變後的諸多正面變化，都校

園生活中逐一的實現。

三、故事敘述：

（一）缺乏父母之愛的陽光男孩

　　阿德是位從小就缺乏父母之愛的小男生，父母在他國小、國中時期因病相繼離開人世。和姐姐相依為命的他，不因父母辭世自暴自棄，反而個性開朗，具有服務熱忱，是同學遴選出來的好班長。在尚未深度訪談前，實在無法置信他令人同情的身世；咖啡色的頭髮，搭配耳環，手臂有圖騰刺青，指甲塗上彩繪並穿著低腰褲及一些特殊配件的擺飾。整體特殊的身體呈現方式，置放在這位笑臉迎人的年輕人身上，仍讓人覺得是位陽光的大男孩。絲毫沒有任何叛逆的味道，也因此能得到班上師生的認同。阿德表示：「逐漸轉變自己的造型因素是因為從小缺少愛，對自己沒信心，因而從外在身體表現上吸引他人的目光，增加自信心。」

（二）身體體現出自信的彩虹

　　雖然際遇坎坷，但阿德仍堅強面對自己的人生。在加油站半工半讀，並打理生活的一切；品性兼備的他，加上對人情世故的了解，擁有不錯的好人緣。失去父母但努力獲得友誼，這和他的身體體現是為了提升自信有絕對的關聯。由於在身體

改變上有充分的自主性，因此，在美觀與舒適度上是他最在意的表現因素。而他體現方法就是關注媒體上藝人的穿著打扮方式並加以仿效，目前仿效的偶像是港星陳冠希。另有一位重要他人是系上的同學，其流行時尚穿著很能跟上潮流。由於對方經常提供他寶貴意見，因而成為阿德在這方面學習與研討的對象。有了自己揮灑的天空，未來的目標是增加手腳刺青及髮型與顏色的多變與搞怪。

原以為他增加身體變化的因素只是流行的追求，他卻表示：是為了讓自己出色一點，如此，追求異性的成功率較高。因為確實有成功經驗，因此，身體外在的改變已成為他重要的成就與滿足。早期曾被異性拒絕的他，也在身體體現上找回自信心。

（三）享受體現，彌補遺憾

失去家庭的溫暖，對阿德來說，生平並無遠大的抱負，只想當個在深山執勤的員警，過著安定的純樸生活。若因工作職務不允許刺青，他可以考慮拿掉。現階段的他，很滿意目前的體現方式。若金錢足夠，一定會在身上表現得更活潑、更多變。阿德表示：這是一種慾望，只為了滿足自己內心的渴望。阿德認為：現代的年輕人刺青穿洞已是稀疏平常的事，刺青的改變從早期黑道兄弟以刺龍刺鳳的方式呈現，而現代年輕人純粹是為了美觀，以圖騰或藝術圖案取代，無須以異樣眼光看待。不過，許多老師對他的看法，則多半認為：沒有必要就盡量不要刺青穿洞。主要因素還是未來畢業後找工作會遇到阻

礙，社會不會給予支持。但是，現在的他還是想享受體現過程中的快樂。

　　阿德強調：喜歡搞怪或打扮特殊的年輕人，除了愛玩，其實本性都不壞。因為社會負面的觀感與大眾媒體的多半負面的報導，使得有些身體體現特殊的人，逐漸的行為異於常人，而出現離經叛道的現象。希望社會各界都能給予正面的眼光，給予支持與鼓勵。從他的身上就可以看出家庭疏離的愛，使他以增加身體的配件與印記方式自我彌補心靈的缺口來滿足自己。因此，他樂觀面對，並展現自信的眼光。也讓身體展現出自己的那一道彩虹人生。

第三節 角色錯亂－尋求方向下的身體體現

【代號 C1】

一、檔案資料：

　　姓名：小衍

　　年齡：二十歲

　　性別：男性

　　父母教育程度：大專（父）、國中（母）

　　家庭社經地位：（父）、家管（母）

　　家庭狀況：單親（父歿）

　　居住地區：基隆市

二、訪談情形：

　　和小衍第一次訪談當天，是快放學的下午。當他來找作者訪談時，其穿著打扮令在場師生都看得目瞪口呆。這位男孩這天臉上有化妝，並穿戴髮夾；其實，他並沒有刻意變化造型，這是他平日的「正常打扮」，甚至有時會比今天更誇張。訪談過程中，小衍對自己的家庭描述輕輕帶過。在作者整理逐字稿時，覺得欲進一步釐清，才與他進行第二次的訪談。雖

然他真實的提供，也對其身體體現的改變因素多一些了解。不過，仍看得出家庭帶給他成長階段的遺憾之情。過程中，作者感受到他刻意與眾不同的裝扮，想要形成話題人物。而平時也常看到經常穿梭於學弟妹教室間，欲凸顯自己風格展現及與眾不同的目的。當然，在訪談結束時，也大方的接受拍照，氣氛相當融洽。

三、故事敘述：

（一）性別錯亂的身體體現

小衍是位造型亦男亦女的大男生，這句話對他的形容一點都不誇張。因為他經常使用女性常用化妝品，如眼線、睫毛膏、粉底、指甲油等他幾乎都配備齊全。平時，臉上就固定上妝的他，甚至還穿著八公分高的高跟鞋在校園穿梭。誇張的照型打扮經常令人咋舌，而他的體現方式很容易造成視覺上性別的錯亂。因為其他的特殊配件搭配，包括黃色頭髮、舌環、嘴環、鍊裝褲及一些特殊龐克樂團配件等，看起來像個叛逆的青少年，因此，將女妝與男飾混搭在一起，形成小衍的特有風格。

（二）是男孩還是女孩？

　　小衍表示：扮演男生已經十幾個年頭了，感覺到有些厭煩。目前，想讓自己很女生，媽媽調侃他：早知道就生個女兒就好了。不過，因為母親的反對，之後他回到家裡仍會先刻意的將造型改變回來。他不希望母親難過，因此，回到家就是很正常的小兒子。誤以為他是位同性戀者的人可能要修正看法了，因為，他在學校有位要好的女朋友（A2）阿芝，他們可是惺惺相惜呢！體現女妝是小衍的性趣，他表示：女生可以很中性，他為什麼不能妝扮的很女性，這是他個人風格的展現。

　　影響他身體體現觀念改變的是一位同齡的朋友，兩個大男生常會聚在一起討論化妝的方式與指甲彩繪。而支持其體現的正當性理由，是令兩位同感欣賞與契合的日本視覺系團體「雅」。據小衍表示：這個視覺龐克團體，以挑戰時代體現的尺度聞名。成員皆留長頭髮且顏色特殊，裝扮也很女性化、很炫，更是青年叛逆的代表。如此體現方式正巧與他心靈相契合，也使得他將成長過程的缺口，在此時——勇敢的在校園中體現與抒發。

（三）家庭危機的重創－失去父愛

　　如此的叛逆心態，與他的原生家庭有密切的關係。父親在他國二時因病過世，當時還是乖小孩的他，面對人生最重大的打擊後，而開始變得很消沉、孤僻。窘迫的經濟困境，母親又須獨自撫養三個孩子，而因工作經常晚歸。造成無法兼顧家

庭教育，讓在認同危機年齡的他，走上叛逆的不良少年之路。
很快的，小衍學會抽菸、喝酒、吃檳榔，甚至接觸到 K 他命，
打架更是家常便飯。如此反叛的行為，到了高二才慢慢領悟而
開始收斂。自此之後，小衍發現自己的喜好，開始將專注力轉
移到身體特殊體現藉以滿足內心的渴望。

（四）立志體現成人群中的主角

　　如此身體外在的重大轉折，連同學都感到驚訝！除了少
數的認同者外，多數同儕仍難以認同。同學形容他是「怪異的
瘋子」，而師長也多半當他是個異類，均對他表達出負面的觀
感。但小衍表示：想到以狂妄誇張的方式表現自己，雖不再打
架，但卻想要另一種形式的叛逆而不傷害他人。他想成為人群
中的主角，不想再讓自己默默無名，永遠只是當個配角而已。
在校園他加入了熱音社，未來想成為一位鼓手，並配合自己獨
特的造型，希望能靠樂團出名。如此特殊的半男半女裝扮，小
衍並不理會社會對他的觀感。自己有著一套獨特的想法，他認
為：女生可以打扮得很中性，為什麼男生不能打扮很女性。就
是這種風格的展現，讓他不想自己被埋沒在人群中而沒人發
現。

【代號 C2】

一、檔案資料：

姓名：阿桃
年齡：十九歲
性別：女性
父母教育程度：高中
家庭社經地位：自由業（父）、家管（母）
父母婚姻：良好
居住地區：桃園縣

二、訪談情形：

　　要訪談阿桃是件不容易的事，其特立獨行的行事風格，只有極少數的同學會主動與其互動。平日的黑色系造型，超級不苟言笑，一派不滿意的情緒語言對師長也直來直往。在一次與校外也是特殊體現的男性網友發生糾紛時，讓作者以帥長身份協助處理，才有機會邀約訪談。初期，不願訪談主要因素是因其與妹妹造型特殊，刊上媒體版面，而因此受到一些無謂困擾。經過作者一番說明後，阿桃終於打開心門，而完成此次良性互動的訪談。訪談過程中，她幾乎半低著頭，視線注視著牆壁一角和把玩頭髮回應。很少與作者眼神交會，而談及家人及

社會觀感時，也感受到阿桃不滿與些許氣憤的情緒。幾乎任何言語都有反社會現象的她，其直來直往與愛恨分明的帥性風格，也在訪談間顯露無遺。

三、故事敘述：

（一）雙胞胎姊姊被媒體形容為機器女孩

這是一對被媒體形容造型打扮像機器人的雙胞胎姐妹，姊姊阿桃前一分鐘出生。從小就討厭家人送的洋娃娃，反而收藏了許多機器人。外型勁爆的她，在校內引起許多師生的討論。一副酷裝打扮，帶有殺氣，很難令人親近。其體現的方式黑色系為主：爆炸式的髮型(爆髮)、超黑的下眼線、超長的假睫毛、刻意剃掉半邊的眉毛，以及塗上黑色指甲油，並搭配特殊重金屬樂團的配件與服裝，加上自己冷酷的外表，幾乎無人不，知無人不曉。阿桃表示：裝扮的目的是為了看起來很兇，喜歡有殺氣的感覺。如此超誇張外型，連妹妹都如出一轍，兩人在學校宿舍同住一房。他們刻意的選擇外地就讀，主因是脫離嚴管的家庭，並能自主展現出心中期待的身體體現。

（二）超嚴格與超壓抑家庭

阿桃表示：從小喜歡的髮型，家人一概不准，也沒有解釋空間。自栩出生於超嚴格的家庭，從小與父母之間關係經常處於緊張狀態。體罰對於姐妹倆來說，已是家常便飯。因

此，只要身體造型上出現一些特殊改變，就會被揍得很慘。阿桃不滿的表示：要幫媽媽化妝，卻不准女兒化妝是非常不公平的事。高中時期，很想將頭髮剪出造型，但是家人不准，乾脆自己動手。現在他在宿舍已經幫七、八個女生剪過頭髮了。因為在高中時期，老師會將在校體現情形回報家長，而受到體罰，更壓抑出體現反叛的決心。如果金錢能夠自主，阿桃還想購買白色或紅色的隱形眼鏡，讓自己看起來更叛逆。更期望在身上體現出爪痕刺青、黑腳指甲、嘴唇穿洞，且經常變換頭髮顏色。對於父母的教育方式，阿桃表示：經常情緒性的教育，有時候超恨他們的。甚至覺得什麼事都得聽從父母，活著很沒意義。在訪談到有關身體體現最在乎的事情時，他無奈表示：雖然覺得不可能，但是還是希望有一天父母能接受她的造型打扮。

（三）想瘋的感覺

同樣受到日本視覺樂團的吸引，不論是音樂或造型都能契合到她內心的渴望。也因此，玩樂團是她未來副業的目標，正業是美容美髮設計師。可惜這個願望講出來肯定會被爸媽轟，公務員才是他們的期待。在虛擬世界尋求認同的她，認識一位異性網友，是阿桃口中的重要他人，他身上穿有二十幾個環、染髮粉紅、愛著女裝，經常鼓勵阿桃體現大膽，並且要勇敢反叛父母。阿桃把他當成知心好友，這也是她改變身體體現很重要的關鍵因素。在性別議題上，她較想裝扮成男生，心態上會比較不受欺侮，而且她認為男生一切都很方便，當女生則

倒楣一輩子。家庭的教育，讓他凡事都往負面思考。

　　錯亂的性別認同，只要裝扮的較酷炫，就會吸引到女生的追求。曾當過兩次T的她，並不排斥未來另一半是男是女，是位道地的雙性戀者。而訪問到組成樂團真正的想法時，阿桃表示：因為父母從頭至尾都不認同，因此，組樂團可以讓自己想瘋的感覺。與在家中判若兩人的她，似乎一切都只想叛逆。

（四）難以消瀰的敵意

　　雖然父母感情和睦，但管教方式總是讓女兒無法接受。曾經因為畫眼影被父母發現，就指責女兒是妓女。因此，對不認同其造型體現的人也會充滿敵意。不論在任何地點，只要發現有人異樣眼光在看她，阿桃就會兇狠的回瞪一眼。若有言語攻擊，她會立刻反擊。雖然如此，仍然有少數人認同其體現的方式，而要求簽名或拍照之事情。同儕之間負面觀感雖多，但也有少數崇拜者，而學習模仿。至於師長的觀感，就一面倒的難以認同了。不過，擁有乙級電腦專業證照的她，還是會刻意證明自己的實力。其實，不抽菸，不喝酒的她，生活是很循規蹈矩的。課業操行都不差的阿桃，以強烈的態度表達希望任何人都不能以貌取人，相貌堂堂卻內心惡毒的大有人在。排斥她的人，阿桃還是一派帥性的表示：看我不順眼的人，我也看他不順眼。罵我的人我也會罵回去，沒有打他一頓就不錯了。雖然不在意社會觀感，但在言談之中仍是處處充滿負面觀感的敵意。

【代號 C3】

一、檔案資料：

姓名：加加
年齡：十九歲
性別：女性
父母教育程度：高中
家庭社經地位：自由業（父）、家管（母）
父母婚姻：良好
居住地區：桃園縣

二、訪談情形：

　　加加是阿桃的雙胞胎妹妹，其訪談邀約的難度不亞於姐姐。不論從外型與個性上都比姐姐更酷更衝，對於血腥可怕的造型體現方式，加加對此多次提到崇拜與喜愛的另類感觀。訪談互動的過程，也多和姐姐如出一轍；多半低著頭，言語中帶有恨意的習慣對話語氣，極少與作者有眼神的交會。不過，她在許多看法上較有主觀意識，愛恨分明更甚於姐姐。不論是造型打扮，或學業成績方面，兩人興趣及思想觀念上，仍有極相似之處，兩人都同樣懼怕超嚴格管教的家庭。訪談結束，兩人均同意拍照，但都是慎重其事的相約同一天全身上下配齊全後

才同意入鏡。

三、故事敘述：

（一）酷帥剛毅的雙胞胎妹妹

　　加加是阿桃的雙胞胎妹妹，他的造型模樣乍看之下幾乎是姐姐的翻版。多次觀察發現仍有些相異之處，姐姐會著超短褲展現性感，而加加則一律穿著黑色緊身長褲。她完全朝男性化的方向體現，而在個性方面也較為剛強。臉上從不打粉底，而姐姐就會上妝表現女性柔性的一面。因此，姐姐擁有網路認識之男友，而加加則缺乏異性所欣賞，但經常有女性同儕曾被她吸引的經驗。

　　說到體現同異之處，他表示：兩人都有自己的看法，並沒有相互模仿，但打扮起來就很相似。提到家庭的影響，妹妹則不像姐姐如此強烈對家庭管教的極度反感，雖然父母反對，但他選擇暗地裏體現誇張，盡量不衝撞父母觀點。未來想增加嘴環、眉環及刺青的她，則表示一定會去實現目標。

（二）愛上可怕造型的視覺樂團

　　加加表示：影響他造型改變的主要因素是日本地下視覺樂團的音樂及其裝扮。其類型很多，最喜歡看比來比較可怕的體現造型，而且愈血腥、兇惡愈好。她認為：這些藝人外表俊

俏，造形好看，連音樂都深深的吸引她。因此，會經常購買他們的CD與雜誌。她也期望自己能接觸龐克樂團，成為未來事業的目標。在網路上她會找尋扮裝同好並相約聚集，滿足體現的快樂。她透過學習與模仿，將髮型遮蓋掉左眼，全身黑色系的特殊表現，包含：指甲、嘴唇，加上不苟言笑的嚴肅表情。整體造型出一股煞氣，令人難以相處的外表，使多數同儕與她保持距離的因素是可想而知的。當然，在社會上也遇到諸多無謂的困擾。

（三）隨時武裝自己的敵意

加加表示：自己經常在青少年聚集的西門町，因造型特殊因素而碰到許多無謂的困擾。她剛烈的外型與性格，發現只要有人投以異樣眼光，就會狠狠的瞪一眼回去；另有一次看到路人在旁竊笑，他則心生不悅的前去回應對方說：你才可笑；嚇得對方當場跑開。只要有人言語挑釁，他一定不客氣的立刻回嗆回去；也曾經遇到外國人好奇的拿閃光相機狂拍的經驗。這樣少數崇拜的案例，也會發生在同學身上，同學會以崇敬的態度表達對他酷炫造型的喜好。當然，負面觀感的同學仍佔了絕大多數。有關穿著造型方面，她最在乎的事：就是不希望看到別人對她竊笑。在訪談中，加加這句話強烈強調了三次。強烈的自尊心，卻又堅持體現與眾不同的她，在訪談之中突顯出矛盾的情節。

（四）男性身體優勢的魔力

如此強烈剛強特質的女生，讓加加受到女生的吸引經驗不在少數。今年曾有位女性同性網友，不斷表達對她的愛意，令她感到非常困擾。自我表示非同性戀傾向的加加，強調不可能與對方相戀。這位網友在一次見面時，竟用小刀瘋狂似的將手腕割了好幾條傷痕，嚇得加加不敢再和對方見面。

加加認為自己是個異性戀者，比較欣賞陽剛性格的男生。自己想要體現男生的因素，是覺得看起來會比較受歡迎。再者，她也認為：男性在各方面較女性優異，尤其在樂團中鼓手多半為男性。能有持久的體力可以勝任，是讓她想成為男生的主因。自己表述外表兇惡，樣子可怕的她，勾勒出眼中的男性特質，並加以努力仿效。今年11月，加加在外因看不慣朋友被欺負而路見不平，卻反遭2男2女圍毆掛彩。隔日作者見到其父親來校帶女兒驗傷，發現她眼中男性的特質，竟和自己的父親如出一轍。父親粗壯凶惡的身軀，一眼就令人不寒而慄，甚至生氣表示要持刀讓欺負女兒的對方好看，同時，也要修理女兒的不是。加加的矛盾情結，與父親的家庭教育應有著極大的關聯性。

（五）優異的學業表現

在班上除了5、6位認同她的同儕外，其他都把他們當作陌生人，從來沒有任何交集。老師對她，也是敬謝不敏。然而，和姐姐一樣不抽菸不喝酒的她，連課業都一樣讓人刮目相

看。兩人都同樣於高中考取電腦乙級證照，這點是同學中少有的成就，科展方面表現也相當優異。加加表示：自己的體現方式雖然負面，不被台灣社會接受，但在日本社會卻是正面的。她進一步表示：社會上有許多人都認為如此體現的人多半屬於比較墮落或吸毒的一群，就連自己的父母也如此認為；他衷心期望自己的父母與台灣日漸多元的社會能以正常人的眼光看待這些造型特殊的年輕人。看來，加加兩姐妹充滿敵意的眼光仍需要長久的歲月方能平復內心的無奈。

第四節 殘缺的愛－迷失方向的身體體現

一、檔案資料：

姓名：耗子

年齡：二十歲

性別：男性

父母教育程度：小學（父）、高中（母）

家庭社經地位：公務員（父）、會計（母）

父母婚姻：離異

居住地區：台北縣

二、訪談情形：

和耗子第一次訪談前經常看他嘴上掛著黑色唇環，並將嘴唇塗上黑色唇膏。訪談的那天下午，他反而變得樸素一些。據作者對他的認識，這是因為他新交了一位造型青純外型甜美的女友，因此，體現上有很大的回歸。訪談之中，因內容多半觸及他造型背後有著對家庭的不滿與朋友對他的背叛。看得出他對這些負面影響，是以刻骨銘心的自殘體現方式，來發洩這

股憤恨的情緒。作者發現：耗子心中有很大的矛盾，是源於自小家庭負面身教的缺口。造成其心中的楚痛，一方面選擇自我傷害，另一方面又以放逸享樂的方式自我療癒。訪談結束時，他打開自己的部落格，供作者參觀。相簿中的每個人都體現得相當特殊。耗子也在這相簿中的人物裏，找到屬於自己認同的方式與族群。1998年8月，他辦理轉學，11月初回學學校順便來看看我，也開心的打開部落格相簿所拍的新造型和作者分享，這回，他的狂野體現已不復第一次訪談的樸素模樣。

三、故事敘述：

（一）反叛的胭脂男孩

耗子是位外型俊俏頗有女人緣的專四學生，但是，身邊少有清純秀麗的學生女友，多半是屬於胭脂氣息較濃的類型。因為他的造型打扮是灰暗風格的龐克風，在他高二時就把頭髮染成黃色並將指甲塗黑，臉上打些粉底，並畫上眼影及眼線，穿了六個耳洞，嘴唇穿上黑色海錨的唇環，同時搭配特殊造型配件及服飾。這使得外表原本文質彬彬的他，藉由特殊身體體現，刻意將自己改造成反叛路線的小男生。在校期間，常因他與師長間的緊張關係，而到訓導單位報到。堅持自己看法與原則，總覺得老師經常刻意在找他麻煩。

當他體認龐克文化由來是出自於英國社會上屬對下屬社會的打壓而出現反對政府的文化時，更堅定他對這股次文化的

喜好。另一個令他崇拜的團體是日本視覺系的樂團「雅」也是以叛逆及女性裝扮聞名。當然，這些造型因素的轉變，對來自於離異家庭的他，有著極大關聯性。

（二）活在極度反感的家庭

耗子對家庭溫情感受是極為負面的，因為父母離異之故，他常被迫接受兩方相互的抱怨。有一段時期和母親同住會經常翹家，當時，常覺得自己根本是不被需要的人。他認為母親是為了利用父親才百般不願的生下他。到了專科年齡，為了就近上學而與父親同住，也經常受到數落。天天計算兒子浪費的錢，讓他覺得自己是個累贅。更對父親的言行與暴力產生極度反感，強烈表示根本不配當他的爸爸。這些生活感受使他非常討厭爾後婚姻有小孩，而其叛逆的想法，更完全以打洞穿環方式表現在他的身體上。

耗子時常覺得自己活得很累，就算走在路上被車撞死也不覺得可惜。認為活到五、六十歲就可以安樂死之類的話都脫口而出。他認識的朋友多半屬於單親子女，因為有著共同的心靈傷口，相互間會比較瞭解對方。他強烈的肯定若是出生在正常家庭，一定會有正向的人生態度。如此的體現方式，當然家長是不能接受的。但他並不理會家人的反對，並且聚集一些體現特殊朋友的照片，放在自己的部落格內尋求相互認同。未來的他還想增加手腳刺青，並且穿環穿洞。

（三）自殘式的身體體現

訪談過程中，耗子表示：在他身上當發生自己覺得嚴重的事件而讓心靈受創時，就會去打一個洞，其全身上下每個洞都曾是一段傷心的回憶，現在身旁的女友已是第六任了，其中兩任是酒店小姐。他還曾經被自己的朋友劈腿過，他說被背叛的感覺，當然要打洞來記取教訓。如此自殘的體現方式，耗子表示並不後悔。打完當下，反而覺得快活多了。耗子認為：割腕容易留下難看的疤痕，還不如打洞的方式自殘，反而因此讓自己美觀更充滿自信。對於自己身體體現的整體評價，耗子覺得自己非常好看。他更強烈表示：反正只要我喜歡就好。對他來說，人生處處充滿了黑暗。

（四）期盼在黑暗中遇到光亮

對耗子來說，未來會朝向造型設計師的方向去努力，以便和自己的身體體現相結合。因此，他不能允許自己邋邋的出門，並藉此凸顯自己的特殊風格。不過，他仍察覺同儕以及老師對他的接受都不高，尤其曾經有老師負面的刻板印象，會希望其他同學和他保持距離，讓他更不想來校上學。社會觀感方面：正負明顯兩極，曾經在夾娃娃店打工，就吸引許多年輕人的認同，但其他處所幾乎一面倒的負面觀感。這方面，也是耗子在身體體現上稍加收斂的主因。課業操行方面，他幾乎常常在退學邊緣遊走。所以，休學、轉學已經是他的家常便飯了。耗子表示：年輕時該玩就玩，要及時行樂，等上了年紀再玩心

態就不同了；許多年輕人常後悔年輕時沒有好好玩，長大之後仍受到工作家庭的壓力而無法想享樂。這些論調，對於耗子人生觀與價值觀的方向，相信受他的家庭影響有很大的關聯！

【代號 D2】

一、檔案資料：

姓名：小魚

年齡：二十歲

性別：女性

父母教育程度：高中（父）、大專（母）

家庭社經地位：自由業（父）、教師（母）

父母婚姻：正常（父曾常家暴）

居住地區：台北市

二、訪談情形：

　　和小魚相約訪談是作者無意中在校園發現其憂鬱外表，而又體現特殊的敏感直覺，她低調安靜的決定接受訪談令作者有些意外。訪談中，作者發現她因家庭負面的教育方式，使得

原本感情豐富的小女生，逐漸將情感埋沒而自我封閉。因此，她格外在意並擔憂他人負面的眼光，並將自己身上的刺青視為難以抹滅的陰影，而多次表示欲將其消除。因此，並未接受作者臉部拍照的請求。訪談中，作者觀察出她對母親的憐憫與歉意，也感受到她相較於同齡間有顆早熟的內心，相信內心的刺青傷痕仍影響她的未來既深且遠。

三、故事敘述：

（一）遺憾的傷疤

小魚是位個性拘謹，不苟言笑的沉默小女生，少在校園活動的她，頂多在教室門口和同學互動而已。身材嬌小，有著特殊造型的身體體現：手部、背部、腰部均有明顯的刺青。另外，在耳、眉、舌、肚臍上則有打洞穿環、髮染咖啡、指甲彩繪、並穿垮褲、低胸上衣，也裝飾特殊配件。其中，比較特別的是左手上的刺青，後來已被特殊的方式處理掉了，而形成了一塊明顯的傷疤。顯然，小魚並不滿意自己曾有刺青造型，原來問題的背後，來自父親威權式的教育。

小魚表示：小時候，父親常會不分青紅皂白的打她，母親也慘遭波及。國中時期，因為心裏害怕常會往外跑。後來，就想忤逆父親而逃學、甚至逃家，並開始結交外面叛逆的朋友。這些外在友人多半也有刺青、穿洞的體現行為。在相互感染之下，也逐漸改變自己的身體體現。

（二）憤恨的體現

　　小魚在國中時期體現目的，並不是為了美觀，其主要動機之一是刻意為了反叛父親，要讓父親更加憤怒。另外一個複雜矛盾的心理因素是：希望藉由刺青、穿洞的方式讓父親注意到她，希望爸爸因此能關心自己的女兒。當然，這一廂情願的想法一切都事與願違。在父親變本加厲的體罰教育下，逐漸封閉小魚的內心自我。還曾經因為躲避父親的體罰，而跳樓逃走過。小魚對父親的憤恨，完完全全的體現在自己身上。她以自我傷害的心態來發洩心中的不滿，內心的楚痛遠遠大於身體的傷痛。到了國三階段的她，早已失去人生的方向，終於因為染到吸毒而送進了少年感化院。隨著年齡增長與心智及行為上的成長與改變，父親現在已經不再動手體罰了，但心中的創傷卻是永難抹滅的傷痕。

（三）傷疤底下遺憾的秘密

　　小小年紀就經歷人生如此重大的傷痛；脫離了荒唐的過去，並盡量遠離從前叛逆的朋友，小魚的回頭令人高興。不過，內心空虛的她仍常想脫離現在的家庭，尋找屬於自己的天空。曾經想要博取父親關心而烙印在手上的刺青，現在已形成一片明顯的傷疤，但是，仍看得出傷疤底下遺憾的秘密。她未來最期望的，就是拿掉身上的所有刺青，以及眉環與舌環。

　　對於身上的印記，就如同她無法抹滅的陰影一樣，經常有嚴重的心理作祟與二度傷害，例如：同學曾邀請一同家中作

客，因為在乎家長觀感而選擇拒絕。更曾經與男友交往，因為身體刺青，而被對方家長趕出去的傷心往事。在這位特殊小女生的身體體現過程中，小魚體認到社會負面觀感與人情冷暖的無奈。

（四）修補傷痛，迎向陽光

不過，小魚並未自我放棄。為了更積極努力證明自己上進的決心，她在班上課業成績均維持在第二名，跌掉許多同學的眼鏡。目前，唯一期望的目標是早日完成大學學業，把法律系唸好，並有機會參加相關證照考試。訪談中，她表達了對媽媽的愛與虧欠，而更期望的還是希望父親振作起來，並疼愛自己的子女。這點也看得出小魚對父親仍有著親情之愛。小魚最後表示：因為當初國中時期沒考慮清楚，而去刺青穿洞。非出於己願，現已相當後悔。其實，自己並不是會做壞事的小女生，只是有一段不願告訴大家的過去。希望社會不要對這些體現特別孩子有負面的想法，並能多給予他們機會。如此鼻酸的過往，另小魚至今仍然難以跨越心中陰霾，去迎接久違的陽光；希望她早日修復往日的傷痛，能在不久的將來展翅飛翔。

【代號 D3】

一、檔案資料：

姓名：小英
年齡：二十歲
性別：女性
父母教育程度：小學
家庭社經地位：服務業
父母婚姻：離異
居住地區：台北縣

二、訪談情形：

　　和小英訪談當天與一年前對她的比較，在皮膚上黝黑了許多，而且較為結實，讓作者有一種從女性化轉變為中性化傾向的直覺。在訪談中提及性別傾向時，小英確實也表達朝中性體現的思想改變，充份驗証思維改變身體外在的型塑。

　　因為家庭環境的變化，迫使她必須學習堅強與獨立。在感受不到家庭的愛時，轉而尋求外在的情愛。所以，在訪談內容中，她對家庭的態度都是負面、叛逆的，而多半陳述的內容都圍繞在兩性話題與同志之愛。小英期望在作者身上找到認同與支持，讓自己困惑的問題能找到一個心靈上的出口。在提及

那段逝世的同志之愛時，小英淚中帶笑，把自己的體現故事與作者分享。最後，他很大方的把胸前的紀念刺青及肚環露出供作者拍照，也讓作者感受到這位獨力剛強的小女生，努力活出舊愛世界的執著而有所感動。

三、故事敘述：

（一）面對傷痛努力剛強的小女生

小英是位獨來獨往，個性獨立剛強，造型多變並體現特殊的黝黑小女生。其較明顯的體現方式是喜好穿著短袖低胸露臍上衣，經常不時將其左胸上的刺青與肚臍環，體現在眾人面前。嘴中穿上舌環，喜好搭配迷你裙或低腰褲，並裝飾許多特殊配件在手腕及頸部，大方自在的將自己展示在校園空間裏。喜歡獨自一人平日不苟言笑的她，在訪問時，有如遇到知心好友，似乎一口氣把壓抑已久的內心秘密宣洩開來。其獨立又內斂的性格，與其所遭遇到家庭的重大事件有絕對的關聯性。對小英來說：父母離異與阿嬤過逝是她在高中生涯面對的兩大打擊。之後，她選擇一個人獨自獨居在外拾起傷痛，並刻意把自己變得很剛強，自此不想讓任何外人認為她是一位柔弱的小女生。

（二）愛到深處無怨尤－套印的體現

因家逢巨變學習獨立的小英，讓她體現特殊的真正因素並非來自家庭的遺憾。主因是來自於專二那年，她愛上了一位同性女生。這位小英生命中的重要他人，也是一位造型特殊的漂亮美眉。耳環、舌環、刺青等無一不缺，她口中這位喜歡打扮的Ｔ，感染了她身體體現的意圖。她身體外在改變並非在其交往的過程，而是在分手之後。小英暗戀這位同性的Ｔ有五年之久，而真正交往時間卻只有短短兩個月而已，把對方當做男朋友的她，是生命中最甜美的回憶，也是家庭疏離後最刻骨銘心的傷痛。因為如此，小英決定把這份愛的過往，完完全全的將對方的體現方式，套印在自己身上每一個部位。好讓自己無時無刻保有對方的影子，甚至包括對方用的飾品、手機型式全部套用。小英用情之深可想而知；唯一較特別的體現是左胸前一隻巴掌大的大象圖案刺青，小英表示：這隻大象就是這位她深愛的女子的小名。雖然已分手一年多，但她表示：到現在為止，對她的愛，絲毫沒有任何的減少。

（三）漂浮在海上的浮木

孤獨的小英，從小回家就經常只有一個人。父母親的疏離，讓她找不到開心的童年往事。也因此有了這段刻骨銘心的愛情，讓她有了值得開心的回憶。縱然時間短促，但對她已是一輩子的大事了。已經大學年齡的她，仍覺得自己像是飄流在海上的浮木，無法上岸停靠。找不到未來的方向，包括家庭、

婚姻、未來工作等，一切都覺得渺渺茫茫。對於社會對她的外型觀感，小英表示：從小就被親友的負面評價且異樣眼光看待的她，早就習以為常了。自認是長輩心目中的壞小孩，若家人不贊同她體現的方式，她就越堅持想要達成。媽媽曾說：再刺青就把那塊肉割下來，更加深小英想要增加腳、頸刺青的堅持。不管是操行、學業方面，從小到大，一直都處在及格邊緣的她，自我堅持的態度和其對自己身體體現的看法如出一轍。小英表示：我從小就是自己想穿什麼就穿什麼，讀書想翹就翹，想讀就讀，我覺得自己看了開心就好。我穿著打扮是給自己看的，又不是穿給別人看的。從這些言語中表達出「只要我喜歡，有什麼不可以」的特立獨行風格。

（四）跳脫男性枷鎖的期望

　　戀愛的時候，小英扮演溫柔女性的角色。分手之後，一度刻意將自己打扮中性想像個男生，這是重大事件後性別角色改變的差異。她表示：因為分手的沮喪，自己不再希望有男生或女生靠近。因此，如果打扮得很中性，就可以避掉這些困擾。曾經和那位重要他人有親密肢體接觸的甜蜜經驗，小英似乎發掘自己的性別意向是位同性戀者，對異性毫無任何感覺。但又受到男性主義建構的影響，言談之中有相當多的壓抑。在婚姻的議題上，她表示不想結婚。若父命難違，她也會找位哥們，辦假結婚，虛晃一招應付家人的期待。只因她對男生完全不感興趣。目前為止，小英心中仍有一些枷鎖尋求解開。她傻笑的請問作者：女生跟女生在一起真的有錯嗎？作者適度的將

同性結婚已合法化的訊息回應了她，並對她那份堅貞的愛情表示感動。在她心裏，仍熱切的盼盼，這份逝去的真愛能有一天再度的破鏡重圓。

第 五 章
身體體現的價值變遷
與認同差異

本書將探討核心議題，對於社會建構歷程，青少年特殊身體體現的改變因素進行分析討論。再進一步探討生命歷程的重要事件，價值變遷及自我、家庭、同儕、師長、社會間之認同差異與身體體現之間的關聯性；最後，對於受訪師長認知態度位移與價值差異實施評析與詮釋。

第一節 青少年身體體現的因素分析

在分析青少年身體體現的價值變遷與認同差異前，本節先針對受訪者之身體目前與期望體現情形及因素加以分析與比較。僅對受訪者目前造型妝扮與期望狀態增加或減少加以

表述，透過受訪者本身的表述的期望目標，結合目前之造型，依其實際的外型，再請專人統一予以描繪；經過受訪者認可後（包含顏色），再予以掃描，並與體現照片相互對照。以便清楚勾勒其體現的狀況，並加以分析與研究。重點著重在行為之動機與因素，而非兩者之間的比較。

一、實際體現與期望體現總體情形分析：

依照本書的理論架構型態分為4類，每類型有3人，共計6位男生與6位女生。除D2女性受訪者外，其餘均同意將體現的現況提供照片。如此，將有利於研究結果的真實性。至於身體實際與期望間的體現差異，則列表如下。

表5-1：受訪青少年實際身體體現與期望體現情形一覽表

A1	A2	A3	B1	B2	B3
穿耳、造型帽、板褲、手鍊、龐克造型項鍊	後腰刺青獨角獸、多耳洞、髮染偏紅、超短迷你裙、造型絲襪	後頸刺青、耳穿洞、髮亞麻綠、低腰褲、迷你裙	耳環x3、唇、舌環、頸鍊、低腰褲、垮褲	耳唇舌眉脖穿環、紅髮、手環、特殊配件、垮褲、角膜變色片	手刺青、耳環、髮咖啡、指甲彩繪、垮褲、低腰褲、特殊配件
全身刺青、頭髮及胸、鼻唇穿環	短髮染咖啡種睫毛、鼻舌肚穿環、脖子腳踝刺青，背刺女巫及母親照片	多穿耳洞	增加粗麵髮、圖騰刺青、手環	增加頸、腳刺青	增加手腳刺青、髮型顏色搞怪多變
紀念	意義、美觀	意義、美觀	讓自己滿足	流行、美觀	美觀、自信

C1	C2	C3	D1	D2	D3
舌環、黃髮、鍊裝褲、化女妝、眼線、指甲油，多處特殊配件	黑眼影、爆紅髮、半眉、假睫毛、多處特殊配件、超短褲、黑指甲	黑眼影、爆紅髮、半眉、多處特殊配件、黑色造裝、黑指甲	金髮、黑指甲、耳洞x6、唇環、垮褲、特殊配件多、化妝眼影	手背腰刺青、舌耳肚眉穿環、髮咖啡、彩繪指甲、垮褲、低腰褲、低胸上衣、特殊配件	左胸刺青、舌肚臍耳穿環、垮褲、低腰褲、迷你裙、低胸上衣、手、脖特殊配件
增加唇環x3、悌眉、頸刺青、高跟鞋	爆髮且經常變髮色(銀白紅)耳多洞、嘴環、爪痕刺青、黑腳指	增加唇環、眉環、刺青	增加手腳刺青、穿洞	拿掉刺青、眉環、舌環	加穿耳洞、多處刺青、彩繪指甲、髮染亞麻綠
風格的展現酷、叛逆	叛逆、看起來有殺氣	叛逆、看起來有殺氣	自殘、叛逆	叛逆、得到父親關愛	與曾心愛女友一致

資料來源：作者自行整理。

　　報紙與雜誌都已撰文指出，人們對改變自己的身體已變得十分著迷，這和人們對自我的理想化身體的憧憬是相互一致的(林文琪譯，2004：97)。由表5-1的比較可以得知：在12位受訪者中，除D2女生期望將原本身上的體現刺青與眉環、舌環拿掉外。其餘11位受訪者（佔92%），均希望在未來強化自己既有的造型打扮，增加更多樣化的身體體現。這顯示：特殊身體體現的青少年，會期待自己造型打扮上有更高一層次的表現，並存在於體現過程中內心的欲望與追求憧憬。

　　「我先打耳環，然後我媽就說：那你就不要再打了，你就打一個就好了。我原本想：一個就好。結果，再打舌環。過不久，就有種慾望還想再打。然後，下巴環也就跟著來了。好像會上癮耶！因為我覺得還不錯！」（B119）

　　完備的身體社會學必須具有的一些特徵是：它必須具有能動性概念，反對一切簡單化的還原主意做法。雖然身體是人們無法完全征服的一種環境限制，但實際情況是，他們通過身體的體現而表現出某種軀體管理的形式。人們用身體、在身體上、通過身體進行實踐（馬海良、趙國新譯，2000：342）。

二、實際體現與期望體現情形個別分析：

【A1】

圖5-1：A1受訪者照片與期望體現畫像

目前體現：穿耳、造型帽、板褲、手鍊、鼻唇穿環

期望體現：全身刺青、頭髮及胸、龐克造型項鍊

主要體現因素：紀念有意義的事

　　受訪者阿倫（圖5-1），屬於自主定向型。對自己目前體現的方式「高度滿意」，但不夠滿足。與期望體現仍有極大的差距。從其自畫像中，可以看出全身刺青的體現目標。想要全身刺青主要因素是：把身體做為人生日記，體現有意義的生命故事與生命情感。

【A2】

圖5-2：A2受訪者照片與期望體現畫像

目前體現：後腰獨角獸刺青、多耳洞、髮染偏紅、超短迷你
　　　　　裙、造型絲襪

期望體現：短髮染咖啡、種睫毛、鼻舌肚穿環、脖子刺星星，
　　　　　背刺女巫及母親照片、腳踝刺青音符

主要體現因素：意義、美觀

　　受訪者阿芝（圖5-2），屬於自主定向型。對自己目前體現的方式「高度滿意」；若減少裝扮，則缺乏自信。未來期望更多的體現空間，尤其是親情與愛情值得紀念的人，將刺青在自己身上作為紀念。

　　體現主要因素是：為了美觀及紀念生命重要他人。

【A3】

圖5-3：A3受訪者照片與期望體現畫像

目前體現：耳環×6、舌臍穿環、長睫毛、垮褲、熱褲、迷你
　　　　　裙、染棕髮、低胸上衣

期望體現：增加脖子、手腕刺青

主要體現因素：意義、美觀

　　受訪者妞妞（圖5-3），屬於自主定向型。對自己目前體現的方式「滿意」；若減少裝扮，則缺乏自信。

　　因姐姐管教較嚴格，致使自己有強烈想要做自己身體主人的想法，希望在外型上，能和三個姐姐有所不同。

　　主要體現因素是：

　　1.生命中值得紀念的重要他人。

　　2.生命中深刻的事。

　　3.美觀。

【B1】

圖5-4：B1受訪者照片與期望體現畫像

目前體現：耳環x3、唇、舌環、頸鍊、低腰褲、垮褲

期望體現：增加粗麵髮、圖騰刺青、手環

主要體現因素：讓自己滿足

　　受訪者鳳梨（圖5-4），屬於他主定向型。對自己目前體現的方式「尚屬滿意」。他屬於過幾天就有新體現想法的人，因此，常變化自己體現的方式。

　　在他看來，減少體現則全身受不了。他期望未來體現，也和目前有很大的差異。

　　體現的主要因素是：讓自己開心並滿足內心的欲望。

【B2】

圖5-5：B2受訪者照片與期望體現畫像

目前體現：耳、唇、舌、眉、脖穿環，紅棕髮、手環、特殊配件、垮褲、角膜變色片

期望體現：增加頸、腳刺青

主要體現因素：流行、美觀

　　受訪者阿達（圖5-5），屬於他主定向型。對於目前的體現方式「尚屬滿意」。由於祖孫家庭因素，因而無法過度誇張。不過，未來成年會增加身體的刺青。

　　體現主要因素是：1.流行、美觀；2.提升人際關係及異性緣。

【B3】

圖5-6：B3受訪者照片與期望體現畫像

目前體現：手刺青、耳環、髮咖啡、指甲彩繪、垮褲、低腰褲、特殊配件

期望體現：增加手腳刺青、髮型顏色搞怪多變

主要體現因素：美觀、自信

　　受訪者阿德（圖5-6），屬於他住定向型。對自己目前的體現方式「高度滿意」。

　　他認為：若減少裝扮，則全身不自在。未來經濟上優渥一些時，則會努力達到期望體現的目標。

　　體現主要因素是：1.美觀、提升自信；2.增加異性緣。

【C1】

圖5-7：C1受訪者照片與期望體現畫像

目前體現：舌環、黃髮、鍊裝褲、化女妝、眼線、指甲油，

　　　　　多處特殊配件

期望體現：增加唇環x3、悌眉、頸刺青、高跟鞋

主要體現因素：風格的展現

　　受訪者小衍（圖5-7），屬於尋求方向型。對自己目前的體現方式「不夠滿意」。其評價上，給自己打60分及格。他表示：體現還可以再特別一些。因此，未來期望體現會有更誇張的變化。

　　體現的主要因素是：1.風格的展現；2.酷、叛逆。

140

【C2】

圖5-8：C2受訪者照片與期望體現畫像

目前體現：黑眼影、爆紅髮、半眉、假睫毛、多處特殊配件、
　　　　　超短褲、黑指甲

期望體現：爆髮且經常變髮色(銀白紅)耳多洞、嘴環、爪痕刺
　　　　　青、黑腳指

主要體現因素：叛逆、看起來有殺氣

　　受訪者阿桃（圖5-8），屬於尋求方向型。對自己目前的
體現方式，她表示：「還可以接受」，但不夠滿意，還可以再
誇張些。由於家庭反對因素無法穿環、刺青，因此，期望未來
父母接受並體現能更誇張。

　　體現的主要因素是：叛逆、看起來有殺氣。

【C3】

(中間為受訪者加加)

圖5-9：C3受訪者照片與期望體現畫像

目前體現：黑眼影、爆紅髮、半眉、、多處特殊配件、黑色造型裝、黑指甲

期望體現：增加唇環、眉環、刺青

主要體現因素：契合日本視覺樂團

　　受訪者加加（圖5-9），屬於尋求方向型。對自己目前體現方式「不夠滿意」。她表示：未來會更誇張。由於和姐姐一樣受家庭限制影響，因此在未來將會努力達到期望目標。

　　體現的主要因素是：和日本地下樂團反叛造型契合。

【D1】

圖5-10：D1受訪者照片與期望體現畫像

目前體現：金髮、黑指甲、耳洞x6、唇環、垮褲、特殊配件
　　　　　多、化妝眼影

期望體現：增加手腳刺青、穿洞

主要體現因素：自殘、叛逆

　　受訪者耗子（圖5-10），屬於迷失方向型。對自己目前體現的方式，他表示「滿意」。暫時因為家庭的反對，無刺青打算，未來則期望體現更誇張一些。

　　體現的主要因素是：1.自殘；2.突顯自己叛逆的風格。

【D2】

圖5-11：D2受訪者照片與期望體現畫像

目前體現：手背腰刺青、舌耳肚眉穿環、髮咖啡、彩繪指甲、
　　　　　垮褲、低腰褲、低胸上衣、特殊配件

期望體現：拿掉刺青、眉環、舌環

主要體現因素：叛逆並得到父親關愛

　　受訪者小魚（圖5-11），屬於迷失方向型。對自己目前體現的方式，表示「除了刺青，其它尚屬滿意」。未來期望體現方式是：將現有的三個部位刺青及眉環、舌環「處理掉」。對於國中時的刺青，則表示相當後悔與不值得。

　　體現的主要因素是：1.反叛父親；2.獲取父親關愛。

【D3】

圖5-12：D3受訪者照片與期望體現畫像

目前體現：左胸刺青、舌肚臍耳穿環、垮褲、低腰褲、迷你裙、低胸上衣、手、脖特殊配件

期望體現：加穿耳洞、多處刺青、彩繪指甲、髮染亞麻綠

主要體現因素：與曾心愛女友一致

　　受訪者小英（圖5-12），屬於迷失方向型。因未達到自己的體現目標，表示對自己目前的體現「不太滿意」。未來，要努力達到自己設定的體現目標。

　　體現的主要因素是：1.模仿並紀念前任同性女友；2.美觀。

　　從以上12位受訪者目前體現與期望體現比較發現：青少年在特殊身體體現後均表示欲增加自己身體上更特殊的體現目標。除D2受訪者個人後悔刺青，欲予清除外，其餘11位受訪者，均期望讓自己增加與變化得更多樣性。再者，他們也一致期望以增加刺青的方式烙印在身體之上；在男性刺青部份，一致想增加在頸、腳部位，A1受訪者甚至期望體現於全身。女性部分，則想在手部及上半身部位增加刺青。Bell也提到：即使現今男女有一定比例的刺青者，兩者的刺青依然有很大的不同，例如：女性會刺花、較柔美或是較個人的圖案，位置也會選在下背部、肩膀或腳踝；而男性會選擇一些較明顯的地方，像是上手臂，且會刺一些較剛強的圖案（Bell,1999：55）。

　　在打洞穿環方面：除B2、D1、D2三位受訪者外，其餘9位均表示要增加打洞穿環的方式加以體現。目前，上述三位身上的穿環數量也相當多，且已趨於飽和。可以看出：打洞穿環是現代青少年特殊體現一致性的流行與方式。而跨褲、低腰褲、迷你裙、及特殊配件等是目前比較普遍呈現的造型體現。染髮、指甲彩繪及種假睫毛，也多半受女性青少年青睞。由以上受訪者的體現比較中，提供了一些值得深思的問題：

　　1.青少年的特殊體現方式多半期望以刺青與穿洞方式烙印在自己身上，並挑戰家庭、學校、社會的負面刻板印象。

　　2.如此勇於嘗試的穿著與打扮，這種身體體現的改變因素為何？

　　3.在青少年普遍愈來愈能接受以特殊體現的方式，表達自己的身體語言及改變社會價值觀感時，社會建構論觀點能否提出，有別於其他學門的觀點以解釋這種現象。

第二節　價值變遷與身體體現關聯性分析

　　過去，身體曾是那麼自然的一部分，但現在，它卻要勉強的服從於人為的干涉過程與根本的統治(趙旭東譯，2002：213)。作者回憶起1970年代自己在國中、高中時期的制服歲月裏，訓導主任與生教組長對於頭髮過長的學生以剪刀剪成一道看到頭皮的白溝，至今仍舊記憶深刻。然而，即便在體罰年代要求得再嚴謹，仍有許多學生刻意修改制服樣式，在校規尺度外游走。這包含作者在內，當時將校褲訂做成緊身褲，為了能與眾不同，而刻意體現反叛的風格。

　　時空轉換至2005年髮禁解除後，教育部要求校園對於學生髮禁的要求完全鬆綁。青少年從流行穿著跨褲、穿耳洞至今經常可見的刺青、舌環、男生穿耳環等特殊方式體現的青少年，在校園中快速的擴散；本書主要從髮型搞怪、造型特別的青少年之特殊身體體現尋找有關價值變遷之關聯因素。

一、身體體現改變與生命歷程轉變因素分析

（一）家庭教育之影響

　　Foucault 認為：身體是權力模塑之結果，並且這權力滲透到個人的每一層面，體現在個體的行動、態度、學習過程，以

及日常生活之中。它將自身之外的凝視(gaze)轉化成為一種自我觀看、自我監視，進而迎合觀看空間之標準。因而，它是一種生產性而非壓制性之權力。實質上，它「致力於生產各種力量，使它們成長、井然有序，而非汲汲營營地壓制，使它們屈服或是摧毀它們。」(朱元鴻等譯，2005：73)而此一將人的身體視為一個體現的行動者之看法，也影響了日後身體社會學研究之焦點與發展。

在12位受訪者區分Ⅰ、Ⅱ、Ⅲ、Ⅳ類型中，有C2、B2、D2等3位青少年均表示：因為在成長階段父母的嚴格管教，甚至打罵教育，而心生反叛，是成長時期造型改變的主要因素。

「從小喜歡的造型，家人一概不准。而且管得超嚴格超緊張的。…被打，也習慣了。有時候，超恨他們的。只要身體出現一些改變，就會被揍的很慘。…後來，一出門就偷偷裝扮體現。」(C21)

「國中時，父親比較威權式教育，常常不分青紅皂白打我。當時，心裏害怕就常往外跑，結交比較不好的朋友。之後，就慢慢模仿，想跟他們成為同一類的人。」(D21)

「從小，媽媽就拋棄我。爸爸沒陪過我，奶奶一直不同意我出去玩。後來，偷偷出去，就改變。」(B27)

青少年時期為延續兒童、邁向成人的過渡階段。在探索外界的同時，青少年仍仰賴家庭。不過，由於正處於自我概念

的統整時期，逐漸具備抽象的邏輯思考能力。對長者，尤其是父母，很容出現言語上的辯駁以及行為上的反叛。此時的親子關係，也容易變得緊張微妙。因此，父母親的教育方式，對於此階段的行為與思想影響甚鉅（周玉慧、吳齊殷：2001）。

本書三位受訪者，一開始即明確表示：在生活經驗與歷程中，因為父母威權式的打罵教育，使成長過程中心生反叛。進而逐漸轉變自己的外在身體體現，並以此方式表達內心的不滿。另A3受訪者也表示：「因為自己是老么，父母疼愛有加，但上面三位姊姊管教嚴格，因此，想要穿洞，與他們外型有別。」(A33)

楊國樞(1986)曾指出：「在親子關係中，嚴厲的教養方式，子女在被動接受父母教養的同時，會主動對父母表達憤怒。親子關係滿意度低，不信任感高，子女偏差行為嚴重。」

（二）家庭關係疏離與父母離異

在受訪過程中，有6位受訪者，包含A2、B1、B3、C1、D1、D3明確指出：造成自己身體體現轉變的重大因素，是因父母離異或家庭關係疏離因素所造成的。

「小時候，爸爸曾外遇。在國中時，因父母感情不睦，晚上也不回家。那時候，會想我幹嘛回家，就常出去玩。…之後，就轉換造型。」(A220)

「從小父親在外地工作，是鐵路局員工。有時，加班一個月才回來一次，父子關係很疏遠…。後來，大姐先穿鼻環，二姐穿肚環，我也想跟進。」(B11)

「國中時，父親過世，開始變得很消沉。母親在做幫人誦經的工作，很晚回家，我也變得叛逆、愛玩，開始學習打扮。」(C115)

「我覺得：從出生那一剎那就根本是不被需要的人。他們結婚，也是我媽利用我爸在百般不願的生下我。…而我父親，也不配做為一個爸爸。」(D138)

研究發現：在家庭文化因素中，青少年生命歷程的重大事件，確實影響了青少年對身體造型打扮的改變。尤其刻骨銘心的記憶，除了身體行為造型的變化外，心靈傷害是至深且遠的。由此可見：青少年的身體體現意象受到家庭重大事件的影響很大。青少年常面臨各種心理、情緒行為問題，其形成原因極為複雜，不僅包括個人在身體、心理發展階段面齡的危機，家庭、同儕、學校、社會等各方面都會產生相當程度的影響。特別是父母，可說是最長遠、深遠、重要的(Maccoby,1992)。

「爸媽離婚、阿嬤過世，讓自己變得…。」(D322)

「因父母雙亡、缺少愛。所以，要增加自己的自信，只有從衣著打扮來讓人注意。」(B31)

　　綜合以上所述，更可以發現：在特殊身體體現的青少年中因家庭疏離或離異而影響到成長階段造型改變的因素佔有相當高的比例。尤其12位受訪者中，因家庭暴力與管教事件影響造型有三件，家庭疏離七件，佔有83.3%的高比例。除自主定向型的青少年外，其餘三類型幾乎名列其中。A2受訪者後來因父親曾外遇，後來回心轉意，家庭重拾幸福。但也在此過程中，因而改變子女的身體體現方式。所以，現代家庭結構的疏離與改變，對子女在身體造型與身體思想觀念的改變上，佔有非常大的因素。同時，也可以看出：體現的轉變過程中青少年行為若缺乏家庭的良好的教育。當家庭出現空窗期時，青少年逐漸開始學習模仿與改變。

（三）流行文化與內心契合

　　在受訪的12位同學中，有A1、C1、C2、C3等四位青少年，非常熱愛流行樂團的文化並積極參與校內外重金屬樂團，其中A1、C3兩位受訪者，更因契合到自己內心，而成為身體體現轉變的重要因素。

　　「是音樂與美國流行樂團，因為時代一直在變，然後接觸一些流行文化，造型就開始改變」(A113)

　　「高中時，看到日本視覺系樂團，不論是音樂或是造型，就是很喜歡。我覺得：他們很厲害，就想和他們一樣。」(C38)

　　現今，社會個人身體形象多半受到大眾媒體的影響，對於自己的身體型塑，青少年經常以藝人做為自己的學習樣板（聶西平，1998）。而青少年正值各種角色的學習與認同，當遇到契合自己風格與內心的訴求表達時，其造型裝扮也就跟著學習與改變。

151

（四）加重體現的生命歷程重大事件

　　在前段研究中得知：青少年時期身體體現方式改變主因，多半是因為家庭因素影響所造成，而在改變特殊造型後，經歷了生命歷程中的其他的重大事件而加重身體體現的重要因素。從訪談內容中，我們可歸納出有下列三點：

1.家庭管教因素：B1、A3

　　「我是老么，從小三個姐姐就管教我很嚴。姊姊們從小並非乖乖牌，卻希望小妹能循規蹈矩。國中時，很討厭他們。他們使我承受很大的壓抑而心生反抗（落淚），姐姐甚至會出手打我。專一時，因為和大姐打架，幾度心情很差，就決定在舌頭打一洞。」（A328）

　　「高三時，高分落榜，沒得到父母期望。只要一回家，他們就一直唸一直罵。我為此賭氣很久，後來就把舌頭穿一個環。」(B142)

2.感情事件之影響：A3、D1、D3

「我全身上下的6個洞，每一個洞都是很傷心的回憶。…應該是女朋友吧！第1任到第6任的狀況都蠻不好的，也曾經被劈腿過。我就用打洞來記取教訓，變相式的自殘。」(D194)

「我之所以會刺青是因為一個很愛的同性女生，…我暗戀她五年。後來，相處兩個月就分手了。後來在胸前刺了一隻大象，想要留住對方的影子。」(D33)

身體體現是個人對自然的感性佔有中不可少的條件，也是實踐的前提條件。人的感性能動性只有透過身體體現才能得到表達(馬海良、趙國新譯，2000：326)。

「耳朵上的洞也是因為高一時和男朋友吵架後，心情不好就跑去穿。」（A315）

3.值得紀念之事：A1、A2、A3

「我想要全身刺青，就像寫日記一樣。而我的耳洞，也是因為認識一位很重要的朋友。後來在認識的日子，覺得很有意義，就打了一個洞。」(A180)

「我和他在一起兩年了，想要紀念他，就送給他一個刺青當作生日禮物。把對方的綽號放在自己身上，將存在一輩子的紀念告訴對方，要讓對方知道在她心目中的重要地位。等媽媽將來過世後，我也會在身上留下母親的容貌刺青，用女巫像

紀念現任的男友。」（A210）

　　「至於肚子上的臍環，是因為喜歡上學校一位男生，想
將他紀念在身體上，可以無時無刻的想到對方。」(A3122)

153

　　刺青，很多人單純只為了耍酷，在台北有一名22歲的女
孩「姚姚」，因為從小和爺爺相依為命，加上去年住在澎湖的
爺爺病危，姚姚想永遠記得爺爺，就忍痛把爺爺的頭像刺在背
部，勇敢的行徑讓不少網友驚嘆聲連連，也把姚姚刺青的照片
在網路上廣為流傳！

照片：5-1 以紀念家人方式之紋身印記 [3]

【3】資料來源：西門町TATTOO藝術工作室KEVIN李曜鳴先生提供，日期：
　　2009年5月2日。

　　褪去上衣，整個背部露出一大片爺爺的圖像，上方還有一對翅膀，她是22歲的姚姚，帶著眼鏡，長相很清秀，從小因為父母離異，被爺爺照顧長大，去年11月，83歲住在澎湖的爺爺病危住進加護病房，姚姚極度傷心，一個念頭鼓起勇氣，就拿著爺爺的照片決定刺青。

　　姚姚表示，「師傅要我不要刺那麼大（面積），可是因為我是拿照片給他，它只能放大到一個手掌大，可是我希望可以刺越大越好，當然會痛呀！可是後面就其實還好，因為我覺得我心裡比較難過。」

　　刺青的過程，還請男友用手機拍下照片作紀念，俏皮的表情，刺青過程中還不時瞪大眼睛、吐舌頭，甚至比出勝利手勢，堅強忍痛，就是把爺爺永遠留在身邊。

　　姚姚表示：「明年過年要回去給他看，（記者：電話裡跟爺爺講，爺爺知道了之後怎麼說？）就一直哭呀！只是怕我嫁不出去而已。」當過軍人的爺爺，給姚姚的榮譽徽章，姚姚總是隨身帶著，手機裡也都是和爺爺的合照，幸運的姚姚，爺爺的病情現在已經好轉，姚姚只想對爺爺說，希望他能搬來台北一起住，享受祖孫天倫樂。

【記者楊琇晶、謝宗樺／台北報導】

　　A1、A2、A3以紀念方式的身體體現因素，和上述這位澎湖女大學生的想法如出一轍。青少年將生命情感以刺青方式烙印在自己身上，顯示出對待身體的自我管理已逐漸達到自主開放的年代。不過，這位爺爺仍在意的是孫女必須面對社會的刻版印象而憂心。研究發現：自主定向型的青少年，因家庭給予

支持認同與關愛。這使青少年在成長過程中學習與體會家庭付出的愛，也讓自我情感表達較為豐富。

　　許多論述身體的當代著作家宣稱：身體現在是自我規劃的一部份，在這自我規劃當中，個體透過建構自己的身體來表達他們的個人情感需要(Schilling,1993)。於是，身體體現也可以視為一種情感的表達。若是如此，則它也是代表透過身體監控的解放，以身體體現之方式訴說自己的心理意象。

二、影響身體體現重要他人之關聯性分析

（一）家庭中的學習感染

　　在青少年時期所累積的成長發展經驗，往往會影響到其成年後的發展結果。一個人的生命歷程中，青少年時期的發展在日後人格的發展上佔有極大關鍵地位。在這個階段，青少年對未來的成人角色與行為有強烈定位的需求，出現積極主動觀察、尋求訊息的傾向，以加速這階段的社會化學習過程（周玉慧、吳齊殷：2001）。

　　「我姐姐有刺青，也穿很多洞，並穿迷你裙。從小，看她都很光鮮亮麗，就很想變成和姐姐一樣」(A243)

　　「姐姐上大學時，穿了一個鼻環，一個臍環，二姐後腰也有刺青。我覺得還不錯，也跟著嘗試。」(B111)

（二）校園中同儕的學習模仿

「體現比較誇張的時候，是在學校認識一位朋友。他玩龐克很久，自己也喜歡龐克文化。我就被他帶著轉換，飾品開始變很多。然後，全身上下都是洞，還化了一些比較誇張的妝。」(D14)

「有一位專三同學，他的打扮很跟得上潮流。我覺得自己有點不如他，就開始向他學習及研究，……包括手上的刺青。」(B313)

「有一位高中同學造型很吸引我，他也有穿洞，就更激發了自己體現的決心。」(B154)

上述三位受訪者，在校園經由同儕的吸引與帶動，使得校園中體現的家族增加，並讓自己的體現更具正當性。在青少年團體互動中，這是極為重要的一環。它是凝聚力，也是團體成員相互吸引的力量。距離上的相近性、行為上的接觸、共同經驗對吸引的情境有很大的助益。在青少年之間，不論是一起行動變化造型或分享個人身體體現變化的成果，對於擁有身體變化相同經驗的青少年而言，剛好助益了成員間的相互吸引，並強化自我認同與團體忠誠度（胡榮、王小章譯，1995：55）。於是乎，相互學習模仿，而加速了成員的擴張，逐漸成為社會中一種新的次文化現象，流行文化於焉開展。

（三）社會的大染缸

「有一位大我七歲的造型設計師，他很厲害，日式風格，很有異性緣。在他身上，我學習改變。」(B252)

「這位重要的人是網路上認識的男友，他比我還誇張，穿二十幾的環，頭髮染成紅色很爆。他知道我父母管很嚴，還跟我講要反抗父母。」(C387)

「國中時，想反抗父親，就結交一群叛逆的朋友。我就慢慢灌輸自己，我的造型要跟他們一樣。」(D219)

「我的同姓女友，很喜歡打扮，有舌環、刺青、腳鍊等特殊配件。我被她的造型體現所感染，還蠻多改變是因為她。」(D325)

社會上的重要他人、社會文化價值觀與大眾媒體的影響，對於青少年身體意象的認知與建構具相當大的影響力（陳君儀：2001）。由上述四位受訪者的訪談內容中，更可以得到印證；尤其當自己自主定向不足時，更容易在同儕或友人的推波助瀾下，跟著學習與改變。

三、大眾媒體與偶像崇拜和身體體現之關聯性分析

（一）大眾媒體的影響力

「我會常去購買雜誌，多去了解地下的次文化，並從網路一直探索並學習改變自己造型。」(A152)

青少年透過觀察歷程就能很快速的進行學習，經由觀察學習(obervational learning)，被觀察者的行為就成為觀察者「楷模」，再經由自我系統(self-system)的作用，觀察者「模仿」(imitateion)了被觀察者的行為表現，編碼貯存於個體內部，進而顯現相似的行為 (黃俊傑、吳素倩：1988)。譬如說：將身體刺青輸入到個人的自我系統中，透過媒體的再生過程，重新獲得象徵性符號，指導自己的行為，仿效偶像相似的行為。而青少年們顯現出與偶像相似的行為時，外在的增強即可能發生，「觀察」與「模仿」是青少年刺青行為形成的根源。誠如B3所說：

「有，就是會多看雜誌、上網拍、看電視，並追求藝人的穿著。經常去注意他們時下穿什麼，並加以仿效。尤其港星陳冠西的裝扮，非常好看，會因而學習改變。」(B331)

大眾傳播媒體的傳播力量是相當廣泛的，它深深影響人

們的資訊獲得與價值觀念的建構。從社會學習理論的觀點來看：網路、媒體傳送的內容易使閱聽者直接去學習與模仿。因此，青少年在接收大眾傳媒的同時，對於明星藝人裝扮體現方式在無形中已造成影響，且開始學習模仿了。

（二）偶像人物的崇拜：

在偶像崇拜方面，有5位受訪者共同喜好日本視覺系的地下樂團，分別是B2、C1、C2、C3、D1等五位，在這些樂團中，又以「雅」最受青少年一致的推崇。

『坊間流行的日本地下樂團「雅」，我覺得他們是叛逆的代表，當時的時代不太允許男生蓄長髮，而他們不但髮長且顏色特殊，非常女性化，很能契合到自己內心。』(C127)

「他們是日本視覺系地下樂團，在日本知名度很高，很多種類，我比較喜歡看起來較兇惡，血腥及可怕的那種」(C338)

「我比較崇拜龐克並偏英倫的重金屬搖滾樂，以及日本視覺系樂團「雅」，龐克是出自於英國社會上屬對下屬社會打壓而出現的反政府文化，而日本視覺系樂團是以叛逆及女妝聞名，他們對我的學習改變影響很大。」(D1110)

青少年認為：刺青或耳環、舌環、酷髮是走在時代的尖

端，畢竟有許多搖滾明星和偶像歌手以此方式來表達自我的特色。Erikson（1963）提出的「心理社會發展階段論」中，青少年時期正面對了「自我認定與認定混淆」階段性的發展危機。個體急於建立自我意識與角色來支持自信心，團體剛好有著個體可以反射性評估，得到回饋以建立自我形象的功能。所以，融入團體得到認同與肯定是他們急迫的課題。而青少年經歷偶像族群的尋求過程，浮出關於他們最適合成為哪個團體一部分的內心探索。這些青少年並且迅速的連結成次團體，而滿足了他們的社會需要，為他們提供歸屬感。在D1耗子的部落格相簿裡，均和他一樣是特殊裝扮的青少年男女；而C3阿桃也從網路世界搜尋到和其造型相近的男友。

照片5-2：模仿視覺系團體之紋身印記 [4]

【4】資料來源：受訪者C1小衍提供，日期：2008年5月19日。

『在日本搖滾樂團流行風潮相繼引進台灣之後，「視覺系」這個名詞最近在台灣忽然成為熱潮，許多歌手在冠上「視覺系」的名銜之後似乎就成為狂銷熱賣的代名詞。「視覺系(ビジュアル/VISUAL系)」這個名詞的來源，起自前不久過世的X JAPAN吉他手HIDE的建議。據日本有名的視覺系搖滾專門雜誌「SHOXX」的總編輯星子誠一表示，從前的媒體對於這種以超乎常理的造型包裝的搖滾樂團並無好感，以帶有蔑視意味的「化妝樂團」來稱呼他們。

視覺系搖滾真正的精髓所在，而不是如一般人誤會成「視覺系」這三個字，就是打扮的美美的、或化妝的像人妖的代名詞。視覺系搖滾樂團的造型，並不單純只有受西方的影響，也可以看到若干日本文化顯現在其中，某些樂手近乎歌舞伎般的化妝風格就是一個很顯著的例子。另外，在1980年代末期出道的樂團，也明顯的影響到日本的漫畫人物造型，而後漫畫又反回來影響到1990年代末期出道的樂團。早期的漫畫家們只是把自己喜愛的樂手轉化成漫畫中的人物來塑造，但是現在不但可以看到少年漫畫周刊中連載樂團出道的真實故事，也常在女性專門漫畫小說雜誌看到視覺系搖滾樂手與漫畫家的對談訪問，更有甚者，是已經有專門畫視覺系搖滾樂手的漫畫期刊出現，樂迷們以樂團團員為對象所發表的同人創作，更是不計其數。近兩年來，新出道的視覺系樂團，有許多都從漫畫中擷取靈感，將自己打扮成原本只有在漫畫中才看得到的華麗裝扮，也有真的以本人的形象參與卡通角色設定的例子。像這樣大量與次文化交錯的例子，也是日本視覺系搖滾樂團一大特色。

講到視覺系搖滾，就不能不講到地下樂團。視覺系成為一股風潮，可以說只是這一兩年來的事情。從前雖然有幾個著名的視覺系搖滾樂團能夠攀上排行榜的寶座，而今年登場的三個樂團，可以說是視覺系在日本流行次文化中確立地位的象徵。這股風潮也同時吹向台灣。

繼彩虹樂團，月之海及GLAY等重量級視覺系藝人之後，日本視覺搖滾正統傳人[雅-miyavi-] 加入主流唱片公司首張專輯「雅主義」首週即一鳴驚人拿下日本公信榜專輯榜Top10的佳績。成為最年輕的日本視覺班霸！

照片5-3：青少女學習視覺系藝人之紋身印記【5】

【5】資料來源：西門町TATTOO藝術工作室小嫻提供，日期：2009年5月4日。

　　雅出身於日本兵庫縣，17歲來到東京並於同年，以吉他手名義，加入了視覺系搖滾團體 Due'le quartz。親自參與作詞、作曲，當累積作曲經驗的同時，也以Due'le quartz吉他手的身分展開了表演活動。在演唱會中的個人表演風格，以及親手設計所佩戴的飾品配件及T恤等的多方面才華，確立了他在Due'le quartz中的罕見迷人特性。

　　2004年2月24起，舉行首次的全國18場的巡迴演唱會「東京脫走」，在各個場地也創下了銷售一空的佳績。2004年6月23日發行地下最後一張混音單曲後，在各路人馬強烈爭奪下，正式藉由日本大廠進軍主流音樂市場，並終於在2004年8月登上象徵日本搖滾樂的最高殿堂「武道館」，舉行了個人的萬人演唱會，造成座無虛席一票難求的輝煌紀錄。在台灣，擁有十一個後援會的「雅-miyavi」，是本地愛好日本視覺搖滾樂迷的新歡最愛，也是在從無日系視覺搖滾大團來訪的台灣，樂迷們最企盼的指標人物！

　　王麗瓊（2001）研究結果發現：社會文化因素中的電視媒體和重要他人變項與身體意象之評價及身體意象之取向有顯著相關。人類身體之所以重要，不只是因為它為人們的生存能力提供基礎，也因為身體型塑了我們的認同，並構築我們世界中的定位與分類系統。青少年之所以會去刺青、穿洞，無非是受到同儕與偶像影響，只為證明它們是同夥的一種共同性的身體計畫（Mellor and Shilling,1997）。從另類造型與音樂的受歡迎度來看，日本視覺系樂團的已成為青少年次文化受吸引的一個目標。青少年想要「與眾不同」的心境，想要追求獨屬於自己的浪漫舞台或時尚的先驅，這些偶像團體，正巧鋪陳了他

們行為學習上的指標。再則，偶像也是青少年認同、模仿的楷模，並提供可望成為的形象。其對青少年的思想、價值觀具有相當的潛在影響，可算是他們的重要他人。他們傳達出年少情懷的苦澀、甜蜜，生活上煩惱的疏壓，以及對前途茫然、不安的心聲，而引起共鳴。因此，偶像造型的特有另類風格，便會直接或間接影響青少年的模仿與學習。

四、特殊身體體現與性別社會化之關聯性分析

社會性別的差異最主要是來自於文化的因素，而不是先天的遺傳。換言之，性別是社會事件建構出來的，「性別社會化」是一個終身經驗的歷程。個體在生命中的每一個發展階段，都會受到性別社會化的影響。而身體體現，則承接了此歷程變化的外顯結果（胡榮、王小章譯，1995）。

（一）社會性別裝扮改變的期待

「我覺得：扮男生十幾年有點煩了，目前想讓自己裝扮成女生(純粹打扮)。我會買很多化妝品、眼線、睫毛膏、粉底、指甲油等女生的化妝品幾乎都有，還有一雙8公分高的高跟鞋。我認為：這是風格的展現，而且女生可以很中性，男生為什麼不能打扮得很女生。」(C19)

「我想看起來比較像男生，因為像女生容易被欺侮；我

打扮黑眼影、黑指甲、黑褲裝，看起來比較兇，也比較沒有人
敢惹我。而且我覺得：當男生超方便的，當女生就覺得一輩子
倒楣。」(C2119)

　　以上兩位受訪者，並沒有同性或變性的傾向，純粹只是
在造型上想要與眾不同。不過，作者發現：C1受訪者的家庭
父親早逝，成長過程家中成員母親與姐姐均為女性較具優勢，
有學習模仿的空間較大。而C2、C3姐妹家中，父母教育較為
強勢、暴力，父親展現男性主導的形象，讓姐妹倆在成長過程
中認為成為男性，有較具優勢的一面。當然，也因性別期待的
傾向，在造形上強化了自己的性別特色。

　　「我本身體現就是當男生，而且男生比較好，他們在體
力上具優勢，打鼓比較不累，也比較受歡迎。其實，很多視覺
系團體都女扮男裝；有許多女生也很喜歡我，喜歡到不行，會
主動追我，我告訴對方我是女生不行，他們都說沒關係。」
(C360)

　　C2、C3這對雙胞胎姐妹，同樣對女性身體的弱勢有負面
觀感。而在身體外型上，均刻意體現男性酷帥造型與配飾，甚
至展現兇惡的表情與妝扮，她們認為：如此體現才能展現優
勢，更不至於受到他人的欺侮。可以看出家庭教育已使他們形
成對於自己性別上的負面認同。父母以「妓女」字眼及暴力方
式教育主導了這一切的改變。然而，性別角色刻版印象的概
念，主要是強調社會中或是個人，對男性及女性角色所應持有

的行為或功能之看法及信念。因此，性別刻版印象會透過教育及社會文化代代相傳，成為根深蒂固的觀念。

（二）排斥異性的同性戀傾向

「我對男生真的沒感覺，我不想結婚，想一輩子跟女生在一起。之所以打扮得很中性，也是不希望有男生靠近，如果家庭關係必須結婚，我會以假結婚的方式不為難父母親。」（D3115）

「國小一年級開始，爸爸就外遇了。那時候非常討厭爸爸，還會打媽媽，非常過分。因此，很討厭男生，也是我喜歡女生的原因…。」(A2129)

「其實，我蠻想當男生的。男生比較快樂，不被拘束。女生要生小孩、照顧家庭，很多麻煩。就在國中的時候，想讓別的女生喜歡我，而裝扮比較中性。我曾經喜歡過一個學姊，我們會一起接吻…。」(A262)

性別角色刻板印象的概念，主要是強調社會中或個人對於男性與女性角色所應持有行為或功能之看法與信念。例如：典型女性的刻板印象是依賴、被動、文靜、溫柔、善解人意的，而男性則是獨立、主動、積極、進取（王麗玲，1994）。D3受訪者國中時父母離異與母親同住，A2則因父親外遇產生對性別上的厭惡連結。

研究發現：體現特殊的青少年，在性別身體體現方面較一般青少年有不同的思考與變化。研究顯示：1.體現特殊青少女多希望外型上較為陽剛，可以避免他人欺侮。2.青少女有傾向中性打扮之趨勢。3.家庭中若父母發生變異，如出軌或家暴等失當因素，容易造成兒女對該性別產生排斥現象，並且產生性別角色的刻板印象。

五、特殊身體體現之青少年生命態度與人生目標分析

（一）與身體體現直接關聯之未來目標

在12位受訪者中，表示未來人生目標與目前身體現有直接關聯的行業，計有7位青少年。其中，期望創立樂團，成為視覺體現樂手的計有A1、C1、C3三位。期望成為造型設計師的，計有D1、C2、B2三位，C2更想兩者兼顧，B3則是希望能與身體體現有關之行業均可。

「我想當一位鼓手，好好靠玩樂團出名…，不想成為別人的配角，站在一旁永遠沒沒無聞，要裝扮特殊展現自己的風格。」(C159)

「想弄個樂團，然後很有名。」(C379)

「雖想玩樂團，但那不可能做一輩子，只能當副業。我主要還是朝美容、美髮設計師方向努力。可是，一定會被父母轟。他們叫我從事公務員，我根本沒興趣，那真的很無聊。」(C2132)

「想從美髮跟美容先挑一個來學，然後再針對服裝從事整體造型工作。」(D1146)

青少年透過身體體現去實踐自己的未來目標，試圖在自己的身體特色，成就與實現。從七位佔58%的期望比例，可以想見「做自己」的企圖強烈。然而，身體乃是社會權利關係運作的戰場。它是自己和他人的，也被各種權力、意識形態和文化實踐滲透。並且，也充滿了對這些權力、意識型態和規訓的抵抗。青少年在看待身體特殊另類的族群，普遍會有一種親切感與認同感。因此，期待體現與未來人生的目標連結是可以想見的。不過，從C2的訪談中可以看出：這樣的想法仍然受限於父母的期待與社會現實之間的權力運作。因為，從第三節的資料中更可以發現：上述受訪者的家庭，全都對子女的體現方式無法接受與認同。不過，青少年想要做自己的強烈意圖並沒有改變。如同學者所言，青少年的意義創造（身體體現）是建立在日常通俗生活的基礎，且以他們所見的整體世界注入意義（羅世宏譯，2004：422）。

（二）樂觀與消極之生命態度

　　從人生的態度的類型觀察，迷失方向型的三位受訪者，一致表現出悲觀與消極的生命態度。而他主定向的受訪者，則一致選擇快樂悠閒的人生。

　　「我現在很像一塊漂浮在海上的木頭，找不到岸。到現在，還不知道自己的未來，…那位同性女友，影響我很深。」(D368)

　　「其實，當人真得活得很累，又加上自己家庭這樣子。從國中到現在，常覺得活到五、六十歲就可以安樂死了。甚至，現在我覺得自己走在路上，如果忽然被撞死也蠻不錯的。而我認識的朋友，十個有八個都是單親家庭，他們都和我態度一樣，我相信，如果自己出身在一個很完美的家庭，人生態度一定很健康。」(D1148)

　　「我的內心蠻空虛的，表面上有一些好朋友，但回到家只想脫離那個家庭。因為以前反叛去刺青、穿洞，並沒有讓父親想法改變，反而傷害了自己的身體。」(D228)

　　「我最大的魔咒，就是家裏管得太嚴。有時候覺得父母很煩，什麼事都得聽他們的，那我活著幹麻。」（C2119）

　　「我就是只想做自己，別人怎麼想我，我覺得不重要，

過得開心就好。」(A290)

　　和A2阿芝有同樣態度的還有A3、B1、B2、B3共五位青少年，均表示：人生過得快樂就好；B1想擁有咖啡廳做個很悠閒的店長，B3則想到山裏做清閒的員警。僅僅一位A1阿倫的生命態度強烈表達樂觀進取的意圖。

　　由以上的受訪內容顯示：特殊身體體現的青少年，較欠缺積極進取的人生觀。尤其C2、D1、D2、D3四位受訪者對於人生的態度非常悲觀，這與家庭因素有顯著關聯。D3受訪者則因為心愛女友分手，且父母離異、祖母過世等三重因素，而暫時喪失人生方向。另外，研究也發現：悲觀消極的生命態度與迷失方向型身體體現的青少年有著高度的關聯性。可見，家庭因素或生命重大事件的發生對於身體體現處理方式與面向也較為負面，內心價值觀也因此開始產生變化；尤其D1、D2兩位受訪者更是以自我傷害的方式去體現內心對家庭的憤恨。在成長過程缺憾的世界裡，現代青少年選擇以身體自主的改變作為心靈宣洩的出口，並傳達內心世界無言吶喊的案例顯著增加。

　　對於他主定向青少年面對人生的態度，則一致期望能活得自在開心就好，顯示出：家庭疏離所造成的缺憾，使孩子在成長階段感受不到家庭幸福與滿足的同時，均期望能讓自己生活快樂，以彌補成長時期幸福的缺憾。

六、有關特殊身體體現最在乎的事情分析

（一）自我感受方面

在訪談過程中，雖然有許多受訪者身體體現轉變因素，多半因家庭事件所影響。然而，在日常生活中，個人體現最在乎的情事分析中，則發現有所變化。其中A1、A3、B3、C1、D1、D3等6位受訪者均表示：最在乎自己造型穿著是否舒適與美觀，B2則表示最在乎髮型的好壞。

「我現在完全不在乎他人的眼光，最在乎的是自己穿起來舒服與美觀，一開始會擔心別人對我的看法，久而久之就習慣了。」(A168)

「我目前這樣打扮，只在乎今天穿出去好不好看，搭什麼配件，配什麼衣服會更適合。」（A3102）(D379)(B353)

身體，也是一種表達的工具。這個帶信者藉由外在展現特定的價值觀，例如：透過外在的衣著模式、裝扮配件、紋身印記等身體語言方式加以展示在大眾面前(林文琪譯，2004：123-124)。我們的身體因為這些特定的身體形象與身體價值，而被他人「看見」。

以上受訪者均以造型的美觀與否，成為體現之後最在意的事情。另B2表示：穿著體現最在乎自己的感受，只要能讓

自己開心的體現方式就會去做。因此，計有8位受訪對象，是以自我感受為中心，期望達到體現過程的快樂與滿足。比例高達75%；顯示出體現與眾不同的青少年，對於自身形象造型打扮極為重視。女性受訪者及部分男性的造型，經常是從頭到腳自我打理一番才會出門。除了髮型、固定打洞穿環，還包含眼影、睫毛、手腳趾甲、特殊配件及特殊服裝等裝飾，整理耗時且非常繁瑣。這些青少年在展現自己特有的體現方式的同時，或多或少隱含著對自我美感與風格的期待，甚至有意識的自我美化。於是，身體體現成為一個說服自己的鏡面，或者說可以透過這種體現方式鼓勵與美化自我，進而成為他人形象中完美的自己。

（二）他人感受方面

在訪談的過程中，有四位受訪者在身體體現方面雖然勇於自我體現，但內心最在意的，確是他人的內心感受。其中，A2、C3 二位青少年最在意他人對自我的評價。

「我每天打扮，最在乎別人對我的評價。我走在路上，經常會想別人對我怎麼評價，覺得我是怎樣的人，我曾試著不去想，但又很在意，不過我還是會堅持做(體現)下去。」(A295)

「最不希望看到別人取笑我，要笑可以，別讓我看到。上次去西門町，有人看到我說好好笑，我說你才可笑，對方都

嚇死了，很快的走掉，有男友女，我都會直接嗆回去，寧可看到別人哭，也不要被笑，看了就討厭。」(C380)

另外，C2受訪者最在乎的事，是期望父母有一天能接受自己特殊的身體體現。D2受訪者則是希望身上的刺青能全部清除，把國中時荒唐的錯誤完全擺脫。這也突顯刺青行為所造成社會與他人負面觀感，而深感後悔。青少年對於自己身體體現滿意度與否也深受他人評價的影響很大，即使C3加加厭惡他人負面眼光，但內心卻最在乎是否受到他人的肯定。身體如同一個社會刺激，容易使人對他產生期望和評價，而這種期望和評價可以反映出一個社會文化所認為的吸引力標準為何（周玉真，1993：68）。是故，青少年會受到過去的生活經驗與他人對他的身體造型打扮進行評價與回饋，而透過社會建構歷程不斷轉變成自己身體體現的概念。

第三節 認同差異與身體體現關聯性分析

很多概念都在變，身體變成界定自我群體和個體與他者群體和個體之差異的一個非常重要方式，也是達到自我認同的一種相當重要的屬性。自我屬於什麼的文化？這個文化怎樣運用身體？用何種衣著來裝飾自我的身體？用何種方式把自我的身體和他人的身體隔離開來？然後，用何種方式來表現與達到，在這個面向上，體現方式是非常重要的（楊儒賓、何乏筆，2004：95）。本節乃針對體現特殊的青少年，對於自我、家庭、同儕、師長與社會間的認同觀感與差異性加以探討，並對於體現背後因素與內心強烈感受，分析彼此之間的認同差異性。

一、特殊身體體現自我滿意度分析

（一）高滿意度

有6位受訪者A2、A3、B1、B2、B3、D1同時認為：對於目前自己的造型打扮表示滿意，且能展現自信，也一致的表示：若拿掉體現裝扮則全身不自在，或缺乏自信。

「我穿了洞，出門前打扮會比較充滿自信。…我曾經試著把舌環拿下，就覺得吃東西很奇怪，說話也變得怪怪的。」

（A3197）

郭為藩（1996）認為：「一個人塑造自我形象，不僅用以肯定其人格角色的地位，並獲得他人的認同；外表的形象雖然有意無意的表現給別人看，以塑造他人心中的自我。但久而久之，自己會認同且內化這個形象，成為內在自我的一部分。」因此，不難想像，當自身的親密飾物缺乏時，會產生那份少了安全感與歸屬感的焦慮狀態。從以下兩位受訪者的內容更可得到印證。

「我很滿意現在的造型，我之前交一位女朋友，他希望我拿掉臉上的環，結果拿掉一天因為受不了，又全部掛回去。我覺得拿掉很怪，像舌頭的環有重量，拿掉反而說話大舌頭，很不自在。…他算是我生命中的一部份了，我覺得自己原本就缺乏自信，因為這樣反而會自我肯定。」(B1118)

「我還蠻滿意自己的，如果經濟狀況允許的話，我還想讓自己體現的更多樣化，滿足自己內心的欲望。若是把自己的配件拿掉，我會覺得全身不自在，感覺自己很醜的樣子。」(B356)

對於自己體現結果表示滿意的青少年，其行為因為過程中是屬於自我「創作」。畢竟，那是屬於自己的想法，那麼以主動的方式加以體現，透過身體向自我或他者對話時，就是清楚的告訴觀眾：我就是如此希望人們觀看體現後的自我。當體現已成為身體自身的一部份，那最在意的特殊身體體現，更是

176

他們追求自我並努力達到自我滿意的最高境界。

（二）較低滿意度

雖然體現特殊青少年，相較其他同儕來的顯著，但有五位受訪者表示：仍不滿意目前體現的狀況，希望還能再誇張或特別些。計有A1、C1、C2、C3、D3等五位。而D2受訪者雖然不滿意自己身上的刺青，但其他體現的方式均表滿意，且會因此較有自信。

「雖然自己覺得還ok，但一輩子都不會滿意，就像我刺青，全身刺得滿滿的還不夠。還想要第二個身體，就像寫日記，將有意義的事放在自己身上，會不夠用。」(A175)

「現在還可以接受，可是我覺得自己還不夠好，還要再要求自己更多，最好像地下樂團那樣打扮，就會覺得超有自信。」（C3157）

12位受訪者中，除了D2表示希望拿掉刺青，其餘11位受訪者均一致認為：若將身上體現的烙印或配件飾品拿掉，會完全無法接受，甚至非常的難過，渾身顯得不自在。這顯示：受訪青少年隨著自己期望體現或體現改變後，已逐漸的認同與習慣自我體現的方式，並且成為身體的一部分；只不過在體現的過程中，仍在尋求與摸索屬於最適合自己的體現道路。

由以上的數據顯示：青少年在特殊身體體現的表現上，

不論滿意度與否，均無意回復到原來純淨的模樣，反而覺得體現愈特殊，就愈能展現自己的自信心，有多數受訪者表示刺青、穿環會上癮在此也得到了印證。

二、特殊身體體現與自我認同度分析

身體改造計畫確實意味著個體對他們自己身體的管理、維持，以及外貌是極為關注的。身體改造計畫為個體提供某種表達自我的手段，並增加人們對其肉體的控制，以及對自己身體感到滿意的各種辦法。人們投注在身體上的心力是有限的，因為自我認同就位於身體的核心之處。（林文琪譯，2004：96）。

（一）正面自我認同

經過整理，計有7位受訪者對於目前體現是正面認同的，包括A1、A2、A3、B1、B2、B3、D3等七位。除D3外，均集中在自主定向與他主定向型青少年。

「穿上這件配件與裝飾，已成為自我保護的根據，會認同與肯定自己這樣穿著，也比較有信心，它已是我身體的一部份了。」(A187)

「我覺得這樣很正常，因為現在很多人都是如此，我本

來個性比較害羞，因為造型改變，反而更充滿自信。」(A298)

　　「我會因為這樣自我肯定，而且穿這樣並且畫個妝，會比較有信心，例如：穿短裙會吸引更多目光，這是自信心的問題，如果穿著學校制服，很沒型，就會比較沒信心。」(A2109)

　　以上的訪談內容，更突顯本節第一單元自我滿意度分析中，體現自身也成為自身一部分的歸屬感。在認同差異的議題裏，青少年對於自己體現特殊的認同度，探討是否在類型不同方面確實有無顯著之差異性。由以上受訪對象身分可以明顯發現：均集中在自主定向型與他主定向型的受訪者，對於自我認同度高且正面，確實樂觀的生命態度，對於自身體現產生自我認同現象比例較高。

　　Sweetman（1999）的研究發現：許多適度或過度身體改造與身體穿洞的人均將這些記號視為「自我創造的行動」，並且表示：他們在身體穿刺或銘刻的自信心均顯著地增加。由此可見，特殊的身體體現多半係因個體缺乏自我肯定與缺乏自信有關。身體的特殊裝扮，可說是當下青少年次文化的表現行為，隨著社會風氣開放，各種身體的變身招式，如染髮、刺青、穿環、特殊配件、穿著服飾等裝扮，都已成為自我解放的方式。它滿足青少年追求刺激與求新求變的特質，同時，也從體現過程中達到自我認同的整合。

（二）偏差或自我認同不足

對於自我身體體現認同感不足或有負面認知態度者，計有五位受訪者。大多集中在尋求方向型與迷失方向型的青少年；其中，表示只要我喜歡，不在乎他人觀感，計有C2、D1兩位青少年。

「我自己覺得好看呀，反正只要我喜歡就好。而且，後悔就不會去做啊！既然要做就不要後悔。每次在打洞完的當下，就覺得自己還活著真好，因為我怕痛，不敢割腕，這也是一種不會痛的死法，反而因此打扮更充滿了自信。」(D1175)

「我很討厭別人以貌取人，很膚淺，有時後會聽到別人以混混或妓女的字眼批評。甚至，連我爸媽都說我像妓女之類的，我覺得他們根本不了解我，而且很自以為是，…但我還是這樣，只要我喜歡就好。」(C2107)

青少年時期，本就屬於最矛盾的一群，上述兩位受訪者從服裝、打扮的標新立異，到行為舉止的「只要我喜歡，有甚麼不可以」的論調，展現高度體現自我的內心主張，也突顯社會認同差異的變遷。從其體現行為的價值觀中也了解：青少年因內心不滿，而表現出對傳統價值抗爭及尋求自我獨立的強烈渴望。

另外C1、C3同時表示：覺得自己體現得還不夠特別，因部分因素，還無法完全體現出自己的風格。

「以前常盲目的覺得別人好看，就一直跟著學，沒有屬於自己的感覺，很矛盾。除了當個鼓手之外，還蠻沒有目標的。我現在會認為我怎麼打扮是我的事，跟其他人無關，我就是我自己。」（C163）

「我覺得自己還不夠好，很想像日本視覺團體一樣，有風格。主要是因為父母看到會一直罵，罵到自己都受不了，因此還沒去實現。」（C390）

人類身體之所以重要，不只是因為它為人們的生存能力提供基礎，也因為身體型塑了我們的認同，並且構築了我們在世界的定位與分類系統。（林文琪譯，2004：91）也因為如此，青少年在身體體現的自我認同方面，雖然過程與方式可能一致，但卻產生了認同不一的狀態。例如：A1、A2、D2均體現刺青，但前二者因家庭認同而自我認同度較高；後者則因家庭反對，而產生自卑心理，D2受訪者更因此非常在意他人眼光，並非常缺乏自信心與認同感。

「我如果拿掉刺青，就覺得走在路上較有自信心。目前，對自己的信心還是一半一半，因為去朋友家或交男朋友會很嚴重的心理作祟，非常害怕。」（D245）

本單元由以上的分析比較，可以詮釋為：當青少年自我身體體現獲家庭認同或同儕支持時，則在自我認同上較為正面，反之，當自我身體體現方式受到家庭重大事件或管教失當

影響所造成，則在自我認同上較為負面。自主定向、他主定向（Ⅰ、Ⅱ象限）與尋求方向、迷失方向型（Ⅲ、Ⅳ象限），前後兩類型的青少年，兩者之間存在顯著的認同差異。前後兩者最大區別，在於後者家庭問題較前者嚴重。

三、特殊身體體現與家庭認同度分析

（一）家庭無法認同：A3、B1、B2、C1、C2、C3、D1、D2、D3

在12位受訪者中，除B3因父母雙亡，計有9位受訪者家長無法接受子女的身體體現方式。其中，家庭中與外在體現不同者，計有B1、B2、C1、C2、C3等五位，均集中在他主定向型與尋求方向型的青少年。

「在我回家的時候會拔掉身上的環，出門才戴上，因為奶奶會覺得很奇怪，會一直罵，說一個男生為什麼搞成這樣，經常以傳統的觀念來教訓我，說穿洞會破財、破相，那時候我開始有點叛逆，看到我就罵。」(B2133)

「這些東西，我回家都會拿掉，因為媽媽不能接受，常說這臉穿洞不好，會破相，以後運勢會有影響。」(B1150)

中國人向來就有「身體髮膚受之父母，不敢損傷，孝之

使也」的孝道觀念。B2阿達祖母輩的層級，對於固有觀念較為根深蒂固。而中國人信風水，對於臉上破相，會有運勢上影響的觀念，也有一定程度受來自社會的建構。尤其是耳垂上打洞，在命相學上會有漏財之虞。至於在臉上其他的部位，那就更不用說了。因此，對於子女穿洞、刺青行為自然無法接受。然而，近年來E世代的青少年在哈韓、哈日風及美式嘻哈風潮的引領下，傳統觀念已不復見。整型風潮大行其道，刺青、穿洞文化盛行，視覺系樂團崛起，部分青少年對於這股潮流趨之若鶩。

　　「我在家是一個樣，在外又是一個樣，回到家裝扮會刻意變回來，很正常，就是他兒子，不希望媽媽難過，因為對他來講是叛逆的，他不太能接受。」(C120)

　　「父母管的超嚴、超緊張的，他們都頭到尾都不認同。所以在家完全沒有打扮，學校家庭兩極；我曾經畫眼影，他們就罵我是妓女，說我去台北一定會被如此認為，他們根本不懂，自以為是。」(C227)

　　當前女性身體與性意識仍深陷於父權論述中，被父權體制裏的各種社會機制所建構。並藉由塑造女性意識與物質性的存在，來達成其控制女性的目的（羅燦英，1997）。身體與性並非只是生物學意義上的構造與功能，而是社會文化的建構。在歷史文化烙印之下，身體與性都承載許多社會的文化價值觀（尚　衡譯，1990）。由於C2阿桃的穿著體現喜好穿超短的褲

裝，在強勢父權的家庭環境裡，當然不能接受子女的體現標準，並且以妓女的字眼出現。顯然，在父權意識下，阿桃內心反叛的壓抑，體現於自身。同時，結交體現特殊的男友，並接受其背叛父親的觀念。因此，外在的特殊身體體現，已成為她內心宣洩的管道，與反叛的強烈意志。

雖然家庭無法認同，但家中與在外體現一致者，計有A3、D1、D2、D3等4位受訪者。除A3外，主要集中在迷失方向型的青少年。

「剛開始就很反對，要我拿下來。尤其，穿舌環他們超級反對，直到過了很久他們拿我沒辦法，也就習慣接受了，但還是希望我變回原來的樣子」(A3157)

「一致的，不會回家就換掉。一開始，母親是很傷心的，父親一開始很生氣，經過一段很長的時間，他們也無話可說，雖仍然無法接受，但也已經習慣了。」(D259)

「媽媽說如果刺青的話，就把那塊肉割下來，他越不贊同，我就越想堅持，後來他還是接受了呀！」(D3100)

由以上得知：12位受訪者中，除B3父母雙亡情形特例外，計有9位青少年父母難以接受自己子女身體特殊體現行為（佔83.3%），並且集中在他主定向、尋求方向與迷失方向三類型。顯然，家庭教育與家庭疏離是成為子女體現改變的重大因素之後，父母仍全然無法接受子女的特殊體現，或殊不知其

矛盾的癥結點。因此，家庭陷入另一個矛盾結構中，使得身體體現成為家庭關係拉鋸中，子女表現自主權與父母掌控管教權的另一個新家庭戰場。由以上的數據中可以發現：普遍家庭父母仍然受限傳統刻板印象及社會觀感，無法接受子女的特殊身體改變；而青少年也因為對身體自主的期望，將內心感受與壓迫中以身體造型的改變中解放出來。

（二）家庭認同：A1、A2

　　研究中，青少年特殊身體體現獲家庭認同與支持的，只有2位，分別是A1與A2受訪者，兩位均屬於自主定向型的同學。

　　「我的體現在家與學校是一致的，父母也很ok！不過一開始並沒有受到支持，傳統觀念吧！覺得這樣打扮很奇怪。慢慢長大之後，就慢慢說服他們，而且自己也很正派，沒有變壞，後來他們就慢慢接受並支持了。」(A1108)

　　「我爸媽都ok！很能接受，尤其媽媽什麼事都能講。像我想刺青也會先問過她，媽媽表示：若真的想刺就去刺，非常的開明。不過，她希望我刺一個就好，不要再多了；而我如果想繼續，也還會再跟媽媽說。」(A219)

　　兩位受訪者均相當正向，體現以意義與美觀為主要素求。不過，可以看得出來，兩位父母仍經歷了一段時間才完全

接納與認同，並且期望子女體現仍應適可而止。這可以看出：即便父母的管教態度開明，但仍受到傳統觀念的影響，或者擔憂家族、社會的負面觀感。父母雖然認同，但在言詞中但仍不希望自己的子女體現過度，而造成日後困擾。不過，兩位因受到家庭的的支持與認同，體現的因素蘊含了自己內心的生命豐富情感。雖然A3妞妞受姐姐嚴格的管教而心生反叛，但她表示：父母對她疼愛有加，也因此。妞妞的體現因素，也和上述兩位因素相同。三位受訪者均以正確積極的價值觀面對自己，可以發現：父母家庭的正面支持與認同，是青少年成為自主定向人生觀的重大影響因素。

四、特殊身體體現與師長認同度分析

（一）師長刻板印象與負面認同

在訪談所有受訪者有關師長認同的看法中，計有9位青少年感覺到師長對其個人存有負面觀感及刻板印象。並且，曾明顯感受到師長在言語或行為對受訪者的負面評斷，而發生不愉快之事情。

「我常上課碰過這種事，老師上課上到一半開始講道理，就會有意無意的提到我們這種外表是壞小孩。當下就覺得很無辜，沒睡覺、講話，還要被對號入座(激動)，而且曾經在給分上有明顯的被打低分。我發現坐前排打扮樸實的同學是老

師心目中的乖小孩，而我們常受到老師異樣的眼光看待，老師的刻板印象，認為我們就是天生反骨，比較壞的學生，我已經被烙印習慣了。…常常很不舒服，又不能和老師講道理，真的很無奈。」(A1131)

認為自己被老師對號入座的，還不只A1，還包含：A3、B1、B2、B3、C1、C2、C3、D1、D2共十位同學，都一致認為是老師心目中負面觀感的學生。當然，學生的自我心裡作祟或師長的負面言詞，都因此造成師生之間的距離與信任。

「老師上課，常常會注意到我是否存在，別人離開就沒事，我一翹課老師馬上就發現了。」（B1171）

「我有一陣子去學弟妹教室，他們班導就很不能接受，還跟教官反應說我會製造麻煩，希望我不要去他們班；真的很冤枉，學弟妹很喜歡我，我也常勸他們要學好，但老師以貌取人。」（D1125）

「我跟任何老師講話，嘴巴都不敢開太大，曾有老師一直叫我拿掉舌環，因此，現在常害怕老師的負面言語，會心理作祟怕被老師唸。」（A3194）

「從以前到現在，師長觀感認為上課就不該戴這些東西。普遍老師都覺得我很叛逆，跟我說這樣子不太好。但我覺得時代不同了，自己還蠻陽光的啊！」（B2141）

老師對於授課學生先以外型評定學生好壞，是許多青少年的共同觀感。作者任職於校園裡，也發現師長間對於學生的妝扮會加以討論與評定。從上述訪談內容中，更可以發現：師長與體現特殊學生間確實存在著負面刻版印象，也難怪A3妞妞不太敢將嘴巴張開面對老師，深怕舌環被發現後的不良印象。然而，體現特殊的學生，因為造型特別，是很容易造成為他人深刻印象的，如果不加以自我約束，比較容易形成焦點。因此，B1耗子翹課即被老師發現就不足為奇了。

貝克（Becker,1963）認為：偏差行為者的標籤過程與一個人的社會身分相同地位有密切相關。公共的身分或形象與社會身分相同，都會影響到社會互動與人際溝通。例如：青少年有刺青或穿環者常被社會污名化，甚至認為是不良少年。在校園師長認知中，多　人會將「裝扮」連結「乖」與「不乖」畫上等號；許多學生一旦　青、穿洞，女學生體現大膽，很容易就會被貼上　的標籤，因而影響日後校園生活的行為表現。一旦違背　自然，就會容　被以怪　的眼光甚至是具體的攻擊手段對付。為　免除這些麻煩，多　的人會選擇一條對他們本身阻　最小的　（成　方等譯，2001）。也因此，體現特殊的青少年學生，在校園中對帥長或教官都是敬而遠之保持距離，以免自己遭致麻煩。

「好幾位老師都跟我講，年輕人不要去刺青，他們都認為未來找工作會碰壁，是勸我的主要因素」（B390）

雖然看出老師對B3阿德善意的語言，但也突顯師長表達

出社會普遍存有負面觀感與不支持刺青的心理態度。

　　「高中老師覺得我這樣，根本就是壞小孩，小混混的學生。考証照全班只有我和我妹妹考上，老師還不太信任。而且，老師會經常跟我父母講我的樣子，但我還是照化（妝）啊！老師說不可以染、燙頭髮；我回她沒有不可以抓吧，老師很生氣。」（C2158）

　　由以上受訪者的經驗中可以發現：師長間對於體現特殊的學生，確實存在著負面觀感的刻版印象，比例高達75%。關於這一點，在本章第四節師長的訪談自述中可再加以證實。

（二）師長正面接受

　　兩位受訪者D3、C3對於與師長間的互動，表示：是可以接受的，師長雖沒有表達肯定的語句，但已習慣學生的另類造型。

　　「有時候我穿短裙，老師會虧我說：你這樣不會冷喔（大笑）！其實老師還蠻開明認同的。」（D3120）

　　「我覺得視覺設計系老師都很好，不會以貌取人，他們早已見怪不怪了。」（C3108）

　　雖然沒有正面肯定的言詞，但至少上述兩位受訪者，都

認為現代老師比較能用正面的眼光，支持體現特殊的學生了。只不過，在此例上顯得過於偏低，顯示老師要全面接受與支持，仍須克服價值差異與社會觀感等諸多認知因素。

五、特殊身體體現與同儕認同度分析

Bandura（1997）指出：認同是一個人將其思想、感情與行動採取所認同的楷模形式中展現出來，認同是一種社會化程序中選擇他人之行為內化於自己的行為體系中。青少年追隨團體中領導者行為，分享同儕中共同信念，建立規範與準則，彰顯一個團體的特色以型塑新的次文化，用來區別「我們」和「他們」的不同。

（一）同儕支持

在特殊身體體現與同儕的認同與支持度方面，自我察覺無負面觀感，均能認同接受的受訪者計有A3、B2、B3、D3等四位。

「他們都不會怎麼樣啊！剛入學時進來有唇環，他們都覺得還蠻酷的，也可以接受啊！」（B2107）

「現在大家接受度都很高耶！包括我穿熱褲、露臍環，普遍都可以接受。不過很多同學會覺得女生穿舌環怪怪的，也有人覺得會開玩笑說很噁心，但不會排斥我。」(A3188)

「現在年輕人都認為是稀鬆平常的事，並不會有什麼特別的負面看法，或是覺得排斥，只是有些人會很好奇，常常觀察我穿著的改變」(B379)

從四位受訪者的敘述中發現：學校生活的身體體現雖然與同儕相較特殊，但這四位受訪對象是屬於個性開朗、擁抱友誼型的青少年，也因此較易受到同儕的認同與支持。尤其B2、B3、D3在訪談時均表示：體現特殊是為了獲取更多友誼，可以看得出來，個性樂觀、活潑加上身體體現觀念及方式較為開放，反而在同儕中因外型上受到矚目，且能形成話題對象，不易被埋沒，就學生生涯階段而言：在同儕中較佔優勢。故體現特殊必須與自信開朗相輔相成，相得益彰。

（二）兩極看法

1.明顯兩極－負面認同居多

體現特殊的青少年，在同儕間成為話題人物，是很難避免的。若是個性較為孤癖，加上自己心理作祟，則可能引起同儕更多的議論。在所有受訪者中，認為同儕認同正負明顯兩極，但負面認同居多的計有：A1、B1、C2、C3、D1等五位受訪者。

「大部份不認識我的人看我，都會出現一個問號，會覺得這個人怎麼這樣，打扮那麼奇怪，他們多半都是負面的觀感。傳統刻板印象吧，學校熱音社團的成員就很能認同。」(A1121)

「從外表看，同學都覺得我很難相處。不知如何開口跟我認識，熟了就不會。不過，負面的觀感仍居多，尤其女同學較嚴重。男生就比較好，認為是造型的變化而已。女生會覺得我背景很複雜，可能會進出夜店那一型的。」(B1159)

「同學都覺得我很兇，不好接觸。相處之後，就覺得我蠻特別的。不過多數都跟我保持距離，也有很明顯討厭我這身打扮的人，討厭我的人，我也討厭他們。」(C2248)(C3100)

上述5位受訪者，都是屬於體現較誇張的類型。C2、C3為女性，另3位為男性，而C2、C3受訪者的造型體現也以黑色系中性龐克裝扮為主，均以酷勁之姿體現於校園。這可以觀察出：造型較偏向男性與龐克文化的外型，較不易被青春校園氣息的同儕所接受及認同。校園畢竟是屬於單純的環境，多半同學造型裝扮仍循規蹈矩。因此，對於比較「不好惹」外型，則選擇「保持距離，以策安全」。

根據這些分類方式，我們可以在校園中青少年身上找尋與自己身體的「相同性」與「差異性」。而具有相同特性的身體往往會被歸類同一個族群，具有差異性的身體就容易被劃分為「他者」。Woodward認為：差異是以排除規則來鞏固其基礎的。所以，如果身體不屬於「我們」，那就是屬於「他們」。差異就是以這種方式，透過排除與自己身體形象價值有所差異的身體，成為身體認同的基礎（林文琪譯，2004：14）。在同儕之間，或可能因較為突顯的肢體語言，而獲得較多的認同與連結。

「同學很不能接受我在學校龐克造型打扮，而且負面居多。我若是普通造型，他們反而覺得好看多了。她們普遍覺得打扮誇張不能接受，會耽心和我在一起，影響老師的印象觀感，而和我保持距離。」(D1198)

從D1受訪者的訪談經驗可以看出：部份同學擔心師長的負面印象觀感，怕被老師歸類為壞學生，而刻意的保持距離。這表示：同學在彼此相處時，也會在外型上自動分類，把體現特殊同學當做師長眼中「叛逆」的族群。作者發現：相對處在校園中穿著造型打扮較傳統保守的同學，容易與同儕中次文化造型打扮較明顯的同學，互相歸類為「局外人」的位置。不論在校園中或團體裡穿著打扮層次較一致的同學較會相互群聚在一塊（ibid：61）。因此，這些體現大膽的青少年在交友方面，無形中受到異樣眼光排斥的限制。

2.明顯兩極－好壞參半

至於好壞參半，正負兩極的觀感各半的則有3位，分別是A2、C1、D2等三位受訪者。

「同學常會說：妳有刺青喔！或問你為什麼要刺青，接受度一半一半。不問我的，反而多半是負面觀感的同學。會覺得這女生很兇，最好不要惹。」(A2156)

D2受訪者，也和A2有相同的認知。一般人一開始對他都覺得難以親近，而他們兩位也不會主動和同學打交道。因此，在同儕友誼方面也受到無形限制。

在外型的觀感上，C1表示：

「有些同學說我是瘋子，把自己搞的如此奇怪，但有些則覺得蠻好看的，很兩極化。」(C176)

C1受訪者的言詞是對於和他有互動同學所表示的意見，他表示：也有一半的同學在班上和他沒有任何交集的。其特殊男女裝扮混搭的龐克造型，上女妝、塗指甲油，並且大膽穿著高跟鞋的男生，以另類的方式體現校園中，的確在印象整飾上，是一種很大的挑戰。對於循規蹈矩的學生來說，這是很難有正面認同的。

不過，綜上所述，在現代青少年的特殊自我體現日益頻繁後，可以看出同儕之間的認同度已較能接受。尤其有4位受訪者是正面支持的，雖有8位受訪者察覺到同儕的看法兩極，但至少表示有一大部份的族群均能認同與接受。認同不是差異的對立面，認同取決於差異。在文化中，劃出界限與標示差異的方式對認同的瞭解是至關緊要的。差異就是被用來標示自己與他人的認同，以及建立人我區別的那些事物（林文琪譯，2004：39-40）。即便體現的過度誇張，仍得到少數同學的喜愛；並沒有完全負面觀感的個案受訪者，這表示青少年之間的相互認同正逐漸增加與擴散。

六、特殊身體體現與社會認同觀感因素分析

本段的主要研究目的：在探討台灣社會環境的建構下，70年代以後出生的青少年，以穿洞、穿環及特殊服飾配件體現方式的蓬勃發展現象，去觀察他們對社會的認同觀感及自我感受方面有何差異性。經訪談後分析發現：青少年在接觸社會觀感方面，幾乎一面倒的感受認為，社會有負面認知的現象。就年齡層而言：年輕人多半可以認同與接受，而成年人以上則無法認同及支持，並存在有嚴重的負面刻板印象。

（一）負面以貌取人

對於自身外型體現，而曾經受到社會負面異樣眼光的親身經驗，強烈表達內心的不滿與無奈，計有A1、D3 、C2、C3、D2、A2等六位受訪青少年。

「幾乎99%都是負面的，失而且走在路上小混混會找碴，一般人會有異樣眼光。」(A1170)

A1阿倫雖為正面陽光的青少年，故每每提及師長及社會的負面觀感時，則憤憤不平，情緒略顯激動。

「社會上很負面，被異樣的眼光看我，早就習慣了。連好朋友的爸媽都覺得我是壞小孩，就算尚未刺青前，身上多一

些飾品時就有同樣感受。」(D3130)

　　小英表示：社會愈是如此，她愈要做給他們看，她對社會以貌取人嚴重的情形，大感不平。身體的塑造涉及了自我認同和社會集體認同的指認和構造，在正常與異常的基本社會區分和評價下，喜歡標新立異常被歸為「異類」，並容易被認為不良少年色彩來解讀。

　　此外，C2、C3受訪者對於實際經驗社會負面觀感，以更激烈的方式回應社會的眼光。

　　「不只如此，有些負面的人還會瞪我之類的，然後我就會瞪回去，要不然就有人會罵我，說什麼好好笑的話，我通常都直接罵回去。甚至，還常聽到路人說一些不男不女的話，我就會回應，不男不女很好啊，你能怎樣，我覺得他們都腦殘吧！」(C257)

　　身體的體現是將「理想的我」變成「真實的我」在試驗的過程，同時也是向人宣示個體獨特性和爭取社會認同的方式之一。所以，建構自我形象無論在身體裝扮或烙印空間理，對青少年來說都是極重要的一件事。即便社會不認同，但青少年的特殊性，就是從否定中突顯自己的彼此認同。

　　「很多人認為我如此打扮，一定很壞、叛逆、甚至在吸毒，連我父母也這樣認為；走在路上有時候會有人來挑釁我，只要有人嗆我、我都會直接嗆回去。寧可看到他們哭，也不

要他們笑，看了就討厭。我又不抽菸、不喝酒、成績也不差呀！」(C3118)

　　雙胞胎姐妹在校行為都同樣不抽菸不喝酒，兩人在校連課業都令人讓人刮目相看，在高中時更有學業方面的成就。但他們內心對社會負面眼光看待，內心都顯得非常氣憤與無奈。就連自己的父母也如此認為，也更想因此挑戰社會尺度。

　　而D2小魚更曾有負面傷痛經驗，使她至今仍無法脫離那身體體現後，內心陷入的泥沼。

　　「我認為社會對刺青是很負面的，穿環比較能被接受，國中還被少年隊盯上；另外，我每次去朋友家，都會問對方家長會不會討厭刺青。朋友如果在意叫我穿上長袖，就會回答不去了，很多家長其實都難以接受。我曾經交過男朋友，對方家長看外型第一眼很不喜歡，而請我離開。至今我仍然很難過，為什麼不給我機會解釋，我只是刺青又不是做壞事。當初不成熟沒有想清楚而已，所以我現在很害怕交新朋友，除非對方也有刺青穿洞。」(D276)

　　小魚受到社會負面觀感的創傷經驗，至今仍耿耿於懷。這已嚴重造成她在同儕、異性交友以及長輩間心理上的自卑感。甚至在未來的婚姻看法，都有極負面的想法。從訪談過程中，可以看出她想要脫逃社會負面觀感的困難，且喪失自信。其心中的陰影，更甚於身體上體現的陰影。

　　A2阿芝去朋友家，也會先問對方家長對其造型的接受態

度，再決定來去與否。阿芝的作為是受到社會的負面框架所影響，這使他必須學習調適好友人與長輩間觀感不同的自知之明，也是他從經驗中摸索出的一條應變之道。

（二）擔心未來職場觀感

對於擔心社會觀感，而擔心未來工作求職的順遂，則有A2、A3、B3等三位受訪者。

「我刺青會選擇比較能遮的地方，媽媽也有說，會擔心我長大後出去找工作，不會被錄用，也會擔心同事間對我的質疑。因為社會很複雜，也很容易以貌取人。」(A2180)

「我接下來想在頸後及手腕上刺青，雖然刺青穿洞會上癮，但還是要遮遮掩掩的。因為會在意社會觀感，找工作老闆會有負面眼光。」(A370)

「隨著自己年齡逐漸成熟，有時後會有點後悔。因為要考慮工作行業，可能必須把刺青弄掉。」(B347)

身體社會學者在一篇探討美國　青、打　文化的文章中也指出：多　美國人仍然認為身上具有　青或打　等　的可性身體藝術是很冒險的；這　身體藝術的擁有者應該明白這麼做會使自己在職場或人際關係上面　困難（Whelan, 2001：10）。畢竟，理想與現實是有一段差距的，3位受訪者都表示：現在工作不好找，刺青、穿洞很容易被貼標籤。尤其是

B3阿德表示：未來想從事警察工作，身上留有印記是不允許的。這會因為工作受限而顯露出擔心之感，將來考慮將刺青消除。

對於未來想從事造型設計工作或服務業行業的B1、B2、D1三位男性受訪者，則較不擔心社會觀感。他們都同時表示：社會的觀感年輕人與成年人相當兩極化。

「老一輩的人會覺得我很怪，年輕人就很受歡迎。」(B2124)

「大人會覺得我很另類，眼光很偏差，年輕人很喜歡。」(B1205)

「這要以年紀來區分，年紀大的人無法接受，認為我是叛逆小子。年輕人覺得我很時尚，我在夾娃娃店打工，還因此拉到許多客人，包含現任的女友。」(D1226)

綜上所述，青少年特殊身體體現對社會認同觀感因素中，可區分為：1.工作求職的社會壓力。2.社會以貌取人的第一觀感。3.家庭長輩的不良印象。4.青少年之間的敵意眼光。唯一正面接受的是年輕人對流行時尚接受度較高，男性青少年可選擇此一族群作為未來工作的選項；而女性青少年仍受到傳統社會婚姻家庭強勢男性主義框架的影響，而無法自在的揮灑在身體上銘刻的標籤與印記，男性則較不受影響。

在性別社會學中，「身體即政治」是相當重要的概．

身體並非只是生　的構成，其中往往隱含著各種性別權　關係。　如，　青　僅以個人喜好　解釋，則無法　明為何多　性會選擇　在隱密的部位，為何　性　青　容　遭受社會的壓　。（馬海　、趙國新譯，2000：4）。身體　僅是肉體（Flesh）而已，　是帶有社會、文化甚至是政治、消費等豐富意義的身體，這是一種型塑的過程。因此，單單歸因於個人喜好並沒有辦法對現象進　解釋。而且，　是沒有從性別社會學的觀點　解身體，則無法看透性別刻板印象的運作，無法體察　性身體所負載的社會和文化限制，那麼性別　動將無可能性，　性的身體終究只能侷限在規則中徘徊、挪動。

七、特殊身體體現之背後因素分析

　　身體體現是自我規劃的一部分，在這個自我規劃當中，個體通過建構自己的身體來表達他們的個人情感需要。身體被看作存在的一種可變形式，這種存在形式可以被塑造，並適應於個體的需要和個體的慾望。（馬海良、趙國新譯，2000：342.）

（一）特殊意義

　　在所有受訪者中，表示體現的因素有單一及數種原因。本單元將針對這些青少年個人身體體現最主要的背後心理因素，加以分析說明。本書青少年表示：體現是為了以身體紀念有意義的生命故事與生命情感之受訪者，計有A1、A2、A3、

D3等4位，而自主定向型的3位青少年全部都入列其中。

「我想將有意義的人或事，留在身上做一輩子的印記。就像畫畫一樣，用刺青在身上寫日記，而且一定會實現它。就像之前電視報導，有一位住在澎湖的女大學生，把她阿公的像刺在自己的背上的生命意義一樣。我的耳洞也是為了紀念好友而穿的。」(A101)

A1阿倫雖自知體現不被社會、師長所接受，然而其隱藏在體現背後內心的真實自我，才是他所追尋的願景。他相信有朝一日，身體展現的生命意義成果，一定會給自己帶來無比的喜悅。這三位自主定向的青少年透過自我形象的塑造與認同過程，而更加接近理想自我，並從刺青、穿洞等造型體現表現出來。在過程中，以身體直接展現的真誠與自信態度，相較於社會負面的眼光而言已不是那麼重要了。

現今的流行刺青與以前社會 (pre-modern society) 中的懲罰性刺青，在身體被如何裝飾與改造是不同的，它較不需要透過共有的典禮儀式來改變身體的外型，也很少與代代相傳的身體典型產生關聯，因此，身體計畫是更具反思性 (reflexive) 的，身體計畫則涉及使身體更具個人特色 (individualized)的約定 (Mellor and Shilling,1997)。

「我後腰的那隻獨角獸，是因為男友生日。和他相處了兩年，想要紀念他，就以這個當他的生日禮物。…穿洞是為了美觀，刺青是為了值得紀念的事，將來我還要刺一個女巫，紀念我的男友。等媽媽去世後，要將她照片刺在自己身上。」(A201)

「另外，我會想這樣體現的理由，還包括：1、看起來比較兇，不想讓人覺得好欺負，可以自我保護。2、爸媽國中常不在家，我叛逆一點去刺青穿洞，爸媽會比較關心我，都佔有一些因素。」(A2151)

A2、A3同時都具有體現有意義的事及壓抑心中不滿的雙重因素。

「因為討厭姊姊的管教，心裡受壓抑想反抗，甚至出手跟姊姊打架。幾度心情很差，就去打了一個舌環。高中時和男友分手也去穿洞，而肚臍環也是為了紀念我現在暗戀的一位男生，想把放在自己身上，時時刻刻都覺得有他的存在。…不管是好是壞，只要我覺得生命中有意義的事情，就會烙印在自己身上。」(A3154)

身體體現是人對自然的感性占有中必不可少的條件，是實踐的前提條件。只有通過身體體現，人的感性能動性才能得到表達(Rotenstreich,1965)。在身體體現的方式中，感性是重要的隱含因素之一。也就是說，青少年在體現他們的次文化意象中，也同時在訴說自己的生命情感，並非一昧的被認為反叛。

「會在胸前刺青是因為很愛的一位同性女生交往5年手了，可是對她的愛，絲毫沒有減少，就刺了一隻大象紀念她。想要完全留住她的身影在身體上，包括舌環、耳環、臍環、衣著都是。甚至，我手機以及身上的小方巾等配飾都是她曾經擁

有的，而我全部都學習模仿過來。」(D385)

　　上述四位受訪者，多因家庭父母選擇接受子女的體現方式，而使身體自身有了另一層的特殊意義，從中讓自己的人生畫板更加美麗與豐富。珍藏與紀念均同時具有妥善、慎重的收藏之意，而感情則是內心有所感觸而產生的心理反應。青少年將感情記憶與生命紀念透過身體體現方式呈現另一種無聲的紀錄，清楚顯現在自己身上，表達出人的感性能動性。對他們而言，透過身體所呈現的疼痛，是最美好的生命證明。那是年少的歷程、清澀的回憶，並且因為身體的真實感受，而儲存在內心深處的身體痕跡。因此，刺青、穿洞成為紀錄體現特殊青少年紀錄生命故事的方法，身體烙印的意涵在於將流逝的生命意涵畫刻為外顯式的生命風景，這也是他們用來體驗生命與探索自我的方式之一。

（二）內心反叛

　　受情緒壓抑心生反叛，而成為體現背後主因計有：D1、C2、D2受訪者。

　　「我是因為自殘而去穿洞，在我身上的每一個洞，都是很傷心的回憶。只要有令我很難過的事就會去打一個洞。常聽人說割腕會留下不好看的疤痕，還不如用打洞的方式，除了美觀還能記取教訓。…每次再打完洞的當下，我都覺得自己還活著，那種感覺真好。…而且龐克造型，就像英國下屬社會備受

打壓的心境一樣，可以突顯自己反叛的作風，…我覺得從出生那一剎那開始，就根本是不被家庭需要的人…。」(D194)

　　署立台中醫院精神科青少年情緒障礙門診醫師陳昭誠指出【6】：青少年身體刺青、穿洞除了追求流行並期望被同儕肯定外，也有人是為了用身體的疼痛來舒緩心靈痛苦。心靈與身體同時標誌個人應該重新感受那些忽略已久的感官，以及體驗與自己對話的經驗。駕馭著社會趨勢和主體慾望，刺青、穿洞等方式，似乎已經成為一種融入個人生活實踐的情境與概念。這種實踐行為正好提供了當下青少年跨越現有生活侷限的概念與行動。

　　另從D1的訪談對話「覺得自己還活著，那種感覺真好。」這句話，可以看出穿洞或刺青仍有一定程度自我抒發心情的功效；當穿刺扎進身體的那一剎那，緊張昇到最高，完成時反而可以得到很大的鬆弛。

　　「體現是為了可以像視覺樂團一樣，讓我想瘋的那種感覺。因為父母親從頭到尾都不認同，他們管的超嚴、超緊張的。就很想去反抗他們，覺得他們很自以為是。」(C226)

【6】資料來源：自由電子報，2005，＜刺青少年文化圖騰＞。http://www.
　　libertytimes.com.tw/2005/new/aug/22/today-so8.htm上網日期：2009年2月18
　　日。

「我想最大的因素還是父親吧！我這麼做都是要引起他的注意，希望他不要用毆打的方式對我，可以因此得到他的關心；另一方面的心態是因為內心憤怒想反叛他，小時候我還曾經被打到跳過樓，不過這些方式都沒有使他改變。」(D299)

陳雪(2005) 在＜刺青＞一文中提出[7]：人在不同階段會對身體有不同的好奇與想法，但刺青這東西不像穿舊的衣裳說丟就丟，想要退貨還得經歷一番痛苦。皮膚上的疼痛，似乎是刺青的一項重點，除了完成視覺上的改變，那過程也是令人印象深刻的。穗港澳青少年研究所副所長陳冀京指出[8]：在紋身族中，新新人類佔了近一半。其中，有一些青少年，存在著某種自虐和自戀的傾向。與長輩、社會文化之間的代溝，使他們自覺無法在家庭、社會中找到定位，刺青給了他們一個發洩不滿與突顯大人注意與期望關懷的矛盾心態（蔡幸秀，2006），此一觀點可從上述受訪者的訪談內容中得到充分的印證。

---

[7] 自由時報，陳雪，2005，＜刺青＞，。http://www.libertytimes.com.tw/2005/new/oct/23/life/article-5.htm上網日期： 2009年2月18日。

[8] 資料來源：羊城晚報，2002，＜心理可能留下永久疤痕＞。http://www.ycwb.com/gb/content/2002-05/13/content_358219.htm上網日期： 2009年2月18日。

（三）吸引目光

1.異性緣

體現背後主因，是為了吸引他人目光，獲得友誼並展現自我風格的計有：B2、B3、C1、C3等四位受訪者。

「因為以前朋友很少，髮禁前看起來很醜，女朋友也交不到。為了吸引異性緣，國三時，改變自己體現方式，果然就有女生來找我。」(B236)

「因為追女孩子被拒，自己覺得輸人一等，很沒信心。就決定想辦法讓自己出色一點，後來成功率還滿高的。」(B368)

青少年是社會發展及社會適應的顯著時期，對於社會的趨勢及關係，有著相當敏銳的感覺。然而，青少年認同的對象，漸漸由父母、師長轉為對朋友同學的認同。他們需要朋友，而結交朋友已成為青少年的生活重心。此時期不再像兒童時期依賴父母並以家庭生活為中心，也不像成人會以家庭跟事業為生活的重心。青少年的交友，無論從形式看，或著從生活上所佔的比例而言，都較人生其他發展時期更具有獨特性(高華，1999）。青少年更是人生尋求自我認同及渴望確立定位的時期，在其自身及身心發展的交互作用下，心理層面會強烈期待對異性的追求發展。因此，擁有異性緣是表示這個時期成就的重要指標。當以身體體現方式而獲取較佳的異性緣時，體現

的意義則更昇華為「通往自信的密碼」。

2.風格展現

自1970與1980年代期間，出現了一些以消費為生活風格重心的新團體。當代的消費文化中，它所指的是個性、自我表現以及風格的自我意識。相較於於灰暗溫馴主義的1950年代，1960年代之後的年輕人有了更大的選擇權，我們正邁向一個沒有固定身分團體的社會。在這樣的社會中，選擇生活風格，例如：展現在你所選擇的衣服、休閒活動、消費品與身體裝飾等，已不再需要配合固定的身分團體 (張君玫、黃鵬仁譯，1995)。誠如之前所提，身體刺青不再是黑社會幫派或犯罪的代表，取而代之是一種個人風格的展現。

「我不想只是位默默無名的人，永遠當別人的配角。想要狂妄的表現自己、做自己，走出屬於自己的風格，並吸引他人的目光。」(C1105)

「我希望能像日本樂團一樣，有風格，很受歡迎。」(C392)

從兩位風格的展現為主要體現背後因素來看，可以了解青少年體現觀念也受到社會次文化及流行文化的影響，特殊體現方式已成為部份新新人類的流行趨勢。他們不但可以炫燿自己的與眾不同，還能自認走在青少年的流行尖端。對他們而言，年少輕狂的心，不怕烙印紋身印記，就是希望透過外在身體的裝飾，創造出新奇感以及特殊感的效果，藉以展現個人的

風格。從酷帥外表C1小衍刻意在校園體現女性高跟鞋、塗指甲油、化女妝的誇張手法，應可得到上述的印証。

B1鳳梨的體現背後因素，與A2阿芝有相同之處。B1表示：「我體現自己主要是不想有麻煩，不要讓別人覺得我好欺負，也因此可以享受自己在慾望上的滿足。」

在這自我規劃當中，個體通過建構自己的身體來表達他們的個人情感需要。於是，身體體現也可以視為一種情感的表達（馬海良、趙國新譯，2000：6）。若是如此，那麼它也是代表透過身體監控的解放，以身體體現之方式訴說自己的心理意象。

八、從內心強烈表達探討體現特殊的社會認同差異

（一）標籤化社會

強烈表示希望社會不要以貌取人，並普遍表示：有刺青、穿洞及體現特殊的青少年，相互接觸內心都不壞。此類受訪者計有：A1、A2、B1、C2、C3等五位。

「其實很多人都有一段不願面對的過往，才會有特殊體現的行為，我希望社會大眾不要對這樣的青少年有負面觀感，

才能拿掉心中的陰影。」(D2106)

「我認為老師應去除嚴重的刻板印象，並深入了解，學生的背後因素，才能加以評論對方。」(A1199)

「希望社會不要以貌取人，這樣非常膚淺，也不健康。有些人相貌堂堂，但內心非常惡毒。」(C2167)

「社會上很多人都認為如此體現的人都很壞，甚至會吸毒。連我父母都這樣認為，在台灣真得很難被社會所接受，日本卻可以。」(C3137)

顯然的，身體塑造涉及自我認同和社會集體認同的指認和建構。在正常與異常的基本社會區分和評價下，裝扮特殊的青少年常被歸為「異類」。同時，透過「異類身體」而被指認為不良少年或幫派色彩來解讀。從C2與C3口中，可以看出：社會負面觀感的無奈。從7位受訪者強烈的希望師長與社會大眾能以正面的角度看待這些體現特殊的青少年，可以瞭解：社會負面觀感標籤化的明顯現象，以及青少年與成年人間價值觀的差異性，並凸顯現代青少年極欲以自我體現的方式，打破社會舊有觀感對身體約束的框架。這也挑戰家庭對傳統社會均存有刺青是黑社會或叛逆青少年的刻板印象，以及解構身體髮膚受之父母的中國固有價值觀念。

（二）開放與享樂價值觀

以自我為中心強烈表達現代青少年特有價值觀的計有：C1、D1、B2三位受訪者，突顯出不同世代青少年開放與享樂價值潮流。

「女生可以很中性，男生為什麼不能體現的很女性，那是我個人的風格展現。我不希望當個配角一輩子默默無聞。」(C1102)

體現方式以男女混搭方式的C1小衍，以特有另類的表現方式吸引他人目光。他試圖在外型觀感上成為他人品頭論足的對象，如此近乎藝人式的特有風格與心態，如同近兩年流行以歌唱、舞蹈或表演方式，希望能在舞台上曝光並大放異彩，而一戰成名的社會現象有謀合之處。

「我想表達的是：年輕時其實該說就說，該做什麼就做什麼，而且能玩只能趁年輕。」(D1276)

D1耗子則強調：年輕人要及時行樂。他對人生的矛盾來自於家庭的缺陷，形成自己欲以享樂人生觀來享受自我的價值觀；而自己卻又深陷在痛苦的泥沼中，並以自殘方式體現自我結構性的矛盾。由於傳統家庭結構改變，離婚率升高，單親家庭逐年增加，也造成E世代青少年缺乏關愛、親子疏離，父母以物質方式彌補，都是造成青少年享樂主義的主因之一。B2

阿達從小就被母遺棄，父親將小孩交給祖母養育，也造就其隨興開放的價值態度。

「時代不同了，用不著像從前那樣穿死死板板的，應該隨興就好，太正式穿著很不自在。」(B2152)

青少年形成價值觀念的過程，是在他生活週遭的社會、同儕、各個認同來源散發之影響力所拉距的結果。許多後現代社會的負面現象同樣浮現於社會之中，人們渴望求新求變、不停對舊有事物予以顛覆。我們的青少年走在即時享樂與生活原則相衝突的矛盾狀態中（段秀玲，1997）。

在12位受訪者中，有非常高比例的家庭不健全。其中：單親家庭有5位，父親曾經外遇或生子，瀕臨家庭婚姻危機者2位。父親長年在外工作，疏於管教1位，父母雖婚姻正常但家庭管教偏差者3位(家暴或打罵教育)。僅1位家庭父母婚姻正常，並且支持子女的身體體現方式。此不健全結構從青少年成長時期過程中，的確可以發現：特殊身體體現受到家庭教育與結構改變影響佔有相當大的因果關係。

第四節 特殊體現與師長態度位移歷程分析

隨著髮禁時代解除，校園青少年身體自主的躍進，首當其衝的是大專校院師長與學生之間的造型規範正式宣告溶解。以往受到校規的約束，染髮、穿環、奇裝異服被視為服儀不整的處罰教條一一解禁。本書另外訪問班級導師、學務行政人員及軍訓教官等6位師長，以便瞭解師長對於此一過程的態度轉變，以及彼此間的價值觀點，受訪師長基本資料如下表：

表5-2：受訪師長基本資料一覽表

代號	性別	年齡	目前職務	學歷	婚姻
E1	男	45	教官	碩士	已婚良好
E2	男	46	校安人員	碩士	已婚良好
E3	男	55	講師	碩士	已婚良好
E4	男	51	講師	碩士	已婚良好
E5	女	52	學務行政	大學	已婚良好
E6	女	46	學務長	碩士	已婚良好

資料來源：作者自行整理。

一、重組、建構、轉變與固執

（一）轉變歷程現象之觀察

在與師長的訪談對話，普遍表示：校園整體上學生穿著體現特殊之風氣在近五年有明顯轉變，青少年受到網路媒體與流行文化之社會學習影響最大。

「大概在三至五年前髮禁解除之後，女學生穿著有點仿效黑澀會妹妹。然後，刺青文化開始盛行，電視上藝人○○開始公開勇於表現自我刺青，從那之候就感覺刺青變多了。大概五年前我在日間部當教官時，就有女學生跑過來把衣服掀起來給我看肚臍環鑲鑽石的，她覺得非常漂亮。最近則發現越來越多在身體裡面的刺青都外顯出來。」(E11)

「就是社會的變遷阿，很多想法跟以前不太一樣，尤其平面媒體或者是電視節目也都會有一些藝人，他們的造型穿著帶動了社會風潮。」(E528)

當代消費社會的運轉非常倚賴流行，透過藝人偶像的帶動及媒體推波助燃，流行加速消費的速度；流行刺激消費的需求；流行探索消費者的自我認同（Edwards, 2000：151-4）。青少年族群在追求流行時尚與符碼，透過流行追求傳達出自我與團體認同。流行文化讓體現效應增溫；而隨著環境開放，身體獲得舒緩，各式體現方式，如染髮、彩繪、接睫毛、刺青、

穿洞及特殊服飾等，都已成為自我解放的方式之一。

「93年之後我到政大服務，剛好碰到髮禁解除，開始感受到連國立學校的學生體現方式都在改變。包含他們身體的衣服穿著、配件，都會勇於自我表現，甚至於很多衣服穿著，都是用一種較誇張的方式來表現他個人的自我個性」。(E22)

普遍師長均認為：髮禁解除是青少年自我身體體現變化的轉折點。E1受訪師長觀察到：青少年身體體現的轉變受到大眾媒體傳播及偶像藝人的影響，使得這股潮流帶進校園。在流行文化中，青少年要求「同中求異」，這些青少年族群，以另類妝扮追尋代表自己的風格，追求創新，表現自我。城市生活增長對風格的察覺，以及對消費的需求，這樣的行為因團體而異，也表現了個人的喜好。個人也為了標示自己特點的身體而裝飾，以尋求別人的詮釋與理解。

（二）認知轉變：刻板印象與學習改變

1.當時看法

對於髮禁後，體現特殊的青少年，開始能在校園中發現，六位受訪師長全都一致無法接受當時的這股校園文化，並且會以偏見與排斥的心態看待這些造型不同的學生。

「我們都是屬於在舊體系下成長或都是同一個年代的人，我們的教育會告訴我那樣體現太誇張了。因此，對於比較

愛秀愛現的學生我們會比較排斥。」(E172)

　　「當時，我覺得忽然間乍看之時，內心還存在以前那種傳統觀念，不太能接受，一開始覺得第一印象有點離經叛道。」(E27)

　　「基本上我的心態是難以接受，當時的看法會覺得：這些人怎麼那麼奇怪，會以偏見的眼光看待他們。」(E43)
　　「我當時覺得滿奇怪的，有點異類，沒有辦法接受。」(E66)

　　從以上幾位師長的自我剖析中，確實觀察到：髮禁解除初期，大多數師長確實很難認同與接受這股次文化趨勢的轉變，並會以偏見的眼光看待這種轉變。從體制上來看：長久以往，由於學校對服裝有一定的要求標準，多半師長存在有年輕人身體體現應該受到規訓的觀點。因此，當制度瞬間改變，舊思維根深蒂固，當然無法接受立即的改變。再從學生與師長認同訪談的內容對照中，青少年被「標籤化」的感受，並非心理作祟，而是其來有致的。

【新聞報導：朱蘭香】[9]

從C2、C3雙胞胎姐妹的相關報導的內容可以看出：兩位受訪者強調自己已滿十八歲，應充分展現身體自主權。她們表示：學校應加以關注他們在校的學業與行為表現，並非在外型上加以約束。兩位姐妹確實在學業上有不錯的成績，且無不良嗜好。他們拒絕被貼上標籤，高唱「做自己」，不願活在成人的霸權思維之下而受到約制。因此，極力以身體特殊體現來彰顯對抗主流與不受規訓的特色。

2.現在觀感

經過三至四年時空的轉變，受訪師長對於體現特殊學生在態度上，轉變為「較能接受」計有E1至E5等五位師長，而E6師長至今仍然認為無法接受與認同。

───────────

【9】資料來源：96年9月28日中國時報基隆新聞C2版。

「後來。經過差不多半年的觀察，覺得他們的表現跟人品操守其實沒甚麼多大關係。慢慢因為普遍化之後也較能接受了。」(E210)

「我覺得我們在教育界這麼久，對於學生的次文化接受度不高。我本身不排斥他們，我覺得這是時代的潮流。我們因該用更開放的態度去面對這個現象，而不是一昧的去禁止。我個人是能夠接受，但是說完全能夠接受也並不盡然。」(E116)

「我個人的觀察是，這兩三年比較明顯，社會以及學校文化都改變得很厲害。我已經沒有像一開始那麼強烈的反感，就是說我已經能接受。但我還是覺得希望他們能夠在學校盡量少這個樣子，盡量還是保持學生應該有的純樸形象。」(E32)

「人數增多之後比較能夠接受，就覺得應以平常心去看他們。並且轉換自己的心態去適應年輕人。」(E69)

「我覺得：現在是多元化社會，學生的這些特殊造型可能是想要表達某一方面的訊息。不過，我想老師們恐怕大體上不太能夠接受太過強烈突出的學生。」(E492)

由於大專院校師長，在教育工作服務年資較久。因此，普遍存在著「過去」與「現在」的分類印象，對於以往清純的「制服年代」和現在認知的「奇裝異服」相較，確實心理上與觀感上是很難打從心理接受的。經過四年的社會變遷，多半

已從認知的刻版印象學習自我改變，並能以平常心看待他們。不過從E1、E3、E4師長的訪談內容中，師長均期望學生應保有純樸的青春氣息，在心態上對於體現特殊的學生仍存有一道難以全然接受的心牆。關於這點，可以從本章第三節第四點師長認同得到驗證。

二、難以突破的心牆：師生互動經驗分析

（一）師生互動經驗

在大專校院學生均著便服，師長對於體現與眾不同的同學，較不會實施糾舉；普遍會以勸誡的方式與學生互動。本書受訪師長會以禮貌、健康、孝道、安全、職場就業等面向勸導學生回歸「正常」。

「很多學生他們在上課的時候穿著的衣服，偶爾我會勸導他們，說：唉！那個服裝不要這樣穿嘛！這樣穿其實對老師不是很禮貌。其實學生自己本身也很了解，是因為市場的流行趨勢。所以，很多學生就會跟著改變，其實大部分青少年都是隨波逐流型的。」（E217）

「有些同學頭髮染的滿奇特的，我會建議最好不要這樣。因為一眼就讓人家看出來比較特殊。也曾碰過打舌環的人，我也會勸他們身體髮膚受之父母，何必讓自己覺得那麼奇怪。吃東西或者跟情人接吻都不方便，為甚麼要去打那個洞。

我現在看到的學生比例滿多人的。另外，有些女學生褲子或裙子穿的很短，有時候我會從安全的角度提醒她們，不要太暴露避免色狼找上門。」（E435）

E4老師以社會角度勸戒青少女，自身安全的重要性，並以身體髮膚受之父母以及健康角度觀念勸導青少年。這可以發現：師長已不再以教條式的方式教育青少年，轉而從社會觀點的角度勸戒青少年自身安全的重要性。師長的觀念，的確在時空中重組與改變。社會建構論者對身體的觀察，有助於告訴人們關於身體受到社會的侵犯、身體被社會所型塑，以及社會將人們的身體加以分門別類，並使身體具有意義…等許多重要的事（林文琪譯，2004：110）。然而，受訪師長多認為：體現特殊的青少年，會給人第一眼的不良印象，本來就應自我節制。E2老師認為：體現特殊對老師是不禮貌的行為。可以看出在社會建構下，師長觀點本身就較為保守，而且社會風氣與印象，也框架了成人角度對青少年開放體現的有色眼光。

「我比較在意學生身體會不會受到傷害，我會經常勸導他們，最好不要。現在學生都喜歡在舌頭弄了一個環，不過，舌環別人也看不太到，甚至有人將舌頭分叉，我覺得比較危險，會經常勸導他們，不要造成的身體危害，要不然老師是還可以接受的。」（E324）

「我不排斥他們，可是覺得不需要以這樣的打扮方式。尤其穿洞，這樣子會去傷害到身體，對自己的身體不好。昨天

有位男同學，我發現她耳洞穿在耳骨上，他說對阿！想改變一下。我提醒他這樣子會危害到自己的健康，因為醫學常識有提到穿洞真的會影響到身體的某些功能。衛生方面也會有一些感染。」（E510）

師長的健康觀點是其來有致的，就拿最常見的穿耳洞為例：從醫學上的角度來看，耳朵是腎臟的正脈，耳垂又與咽喉、淋巴組織有關，任意在這個部位穿洞，恐會影響我們內臟及淋巴系統的運作，如果處理得不好的話，甚至會造成感染或是潰爛的情形發生過。而舌頭分岔，更違反了身體自然原則，當然，身體為父母所生，子女身體的變異，當然無法被父母接受，因此，體現方面也應改適可而止。若過於誇張，自然容易形成各界的焦點。

（二）對子女接受度

幾乎全部的研究參與師長，都對特殊體現學生有著程度不一的認同與接納。但很弔詭的是：提到若是自己的子女發生體現改變的情形時，均全部表示難以接受。

「我的接受度不高，但是，我的小孩子真的碰到了，我會用很多方式去教育他。我知道效果沒那麼大，可是你就讓他試嘛，他或許會隨著不同階段改變回來。不過，我潛在還是不支持，我會誘導孩子回歸到純樸自然。」（E159）

「我會教育小孩還是要考慮考慮，畢竟還是有社會觀感。我覺得：如果他是因為這樣子能夠展現出他個人的特殊風格，OK我接受。但是，今天如果站出去，他將來還是要面對社會的價值觀感，那我會勸導他盡量不要這樣子做。所以，我淺意識不希望他這樣子，在這部分我接納度就當然比較低。」（E281）

「如果我子女這樣，那我完全無法接受。」（E491）

認同過程（identification）是一種正在進行中的識別過程，透過象徵系統，以及確認自我和其他人眼中是一致的，人們試圖尋找與自己身上有關的一體感（林文琪譯，2004：61）。普遍家長之所以第一眼無法接受，也是因為在識別過程，子女的外型產生了和一般大眾非一致性的裝扮，而產生無法接受的情形。從以下E5師長的訪談敘述中，可以顯見識別認同的實際情形：

「在我們家族裡面，我妹妹的小孩就我姪子阿，他頭髮整個燙的很捲，每次我們聚餐吃飯的時候，因為他是我們自己的小孩嘛！我們遠遠看到他，家族的每個人就開始指點他，頭髮為甚麼不理短一點，為甚麼要蓋頭蓋臉的咧，這樣有甚麼好看。所以，還沒有吃飯的時候這個小孩子就已經（笑）被數落的大概也吃不下去了。每一次都這樣，可是他一樣沒有改變，每次聚餐他就是這樣。… 至於我的小孩如果這樣，我完全沒

有辦法接受。我會每天一直碎碎念，唸到他改變回來為止。」
（E536）

研究顯示：師長一致性的難以接受子女的體現改變。對於自己子女體現特殊不能在自己家庭中出現，可以發現：師長對此行為仍均存有認知負面的想法。而身為師長，畢竟在校園裡，必須學習接納學生行為變遷，在學校對自己子女的認知觀感，仍有180度的差距。尤其E4、E5師長表示：要尊重他們，用平常心跟同學互動，不要把他們列為是特殊份子，但卻完全無法接受子女的改變態度，以及要碎碎念，唸到自己子女改變回來為止的敘述。可以推斷，青少年的特殊體現正常化，要被社會大眾欣然接受，仍需要相當大或若干年的努力。也難怪D2小魚每次去朋友家，都會問對方家長會不會討厭刺青。並且，曾因男友家長對於外型體現的刻版印象而不准雙方往來。整個社會階層中，確實對青少年的特殊身體體現存有相當大的負面觀感。

「我第一眼不能接受，身為母親開始會很難過，然後循循善誘一直勸導。但是，如果還是這樣了的話最後只有接受。我那小兒子就是這樣子，有些場合我會請他把它（環）拿下來。比方說，在長輩的面前，他會就把它拿下來。剛開始我很強勢，但是他沒有辦法隨我的意思做，他還是私底下會去做他想做的事。」（E670）

E6師長子女已發生體現改變特殊之情事，其身為母親的難過，是認為：此一體現特殊行為，是子女「叛逆」的開始。從全體16位受訪者的訪談中發現：許多為人父母、校園師長及社會大眾、公司行號等，都會以此作為評定青少年負面行為的標準。上述受訪師長也表示：會努力勸導自己子女，改變回原來應有的純樸模樣。從研究顯示中，父母對於自己子女特殊身體體現的行為難以接受的角度觀察，可以發現：子女的體現特殊，也容易造成親友長輩的負面觀感，父母並認為有損家長顏面，致使會要求子女在長輩面前保持清純形象。尤其在E5、E6研究參與者的訪談對話中，可以得到驗證。隨著社會價值變遷的影響，當然，身體的特殊體現，也造成了兩代之間的認同差異。

三、學習尊重與教育：來自師長的建言

　　作者在第一章緒論中曾提及：「身為校園的訓輔工作者，體認這股師生間的日益疏離的改變，有責任確實瞭解青少年身體體現的真實意涵；以不致使校園教職輔導人員，甚至家庭長輩，對此產生偏差的觀感。…再根據研究結果相關教育人員研擬輔導策略之參考。」在作者與受訪師長的訪談中，發現藉此訪談，確有助於增加師長對體現特殊青少年內隱層面的了解，進而，改變師長對於此一族群態度轉變的歷程與觀點。這也是本書研究過程，一項難得的收穫。

「會因此改變對體現特殊青少年的負面觀感，原來，這些特殊青少年多半有不為人知的生命故事，聽了很令人動容。我們應該學習尊重他們，用平常心跟同學互動。不要把他們列為是特殊份子，當他們不被歸類為異樣的人的時候，他們才會回歸正常。」（E583）

本書在訪談後，歸納了受訪師長的良心建言，期望社會大眾應打破舊有框架，並以健康、包容的態度，學習面對與接受體現特殊的青少年。

（一）學習尊重層面

在師長對師長的相互對話中，他們已體認到：舊框架不適用在現代青少年身上，應予以揚棄。也有體現特殊青少年其實是表現不俗的，社會潮流在變，師長也應轉換一下自己的角度，學習自我改變。

「我們大家都應該打破框架，去接受比較前衛一點的觀念。我個人覺得：我們這一代應認真思考，不能用過去眼光套用在現在的學生身上。我的看法當然雖然不容易達到，可是還是會鞭策自己學習接受。」（E175）

「其實，對那些穿著特別的學生，我觀察他們在學習的行為或品德上也還不至於太差。像B2同學，我覺得他表現越來越好，今年讓他當副班長，他表現的非常稱職阿，尊重他們

才能成長。」（E356）

「整個社會往前走，老師不妨轉換另一種心態去看待這件事情。但太過強烈像西方那種龐克造型，校園裡面還是應該要有點比較好的規範。我希望老師應該不要把學業跟他的身體造型混為一談，畢竟，學業的表現跟喜歡這種表現是兩回事。」（E696）

（二）教育感化層面

師長認為：更積極的態度，是持開放胸襟的態度接納青少年；若較為保守也應從健康面或社會規範對學生做良心的建議。

「一般人都會站在比較否定的立場看他們，剛開始應該不要自我設限。面對這些學生的時候，心胸必須要開放一點。換一種方式來相處，否則這些學生一開始就已經築起一道牆，那後面教育的關卡根本就過不去。我認為：這些這樣的孩子他們在社會上不一定是問題製造者。社會上不應忽略他們，並應正面肯定。」（E2105）

「可能我還是比較傳統一點，我會用比較規勸的態度去勸他們不要把身體打那麼多洞。頭髮也是一樣，我曾經教過一個學生，染髮到最後髮質整個壞了，會從健康的角度來勸學生的外在行為表現。不一定是認同，但我希望他們走到比較合乎

社會規範的道路，畢竟出去找工作老闆不會用這麼特殊的人，我都是從這個角度來勸他們。」（E431）

四、小 結：

從本章可以看出：受到社會價值變遷的影響，家庭父母、師長與青少年之間，對於身體體現的行為觀點，出現著明顯的認同差異。而青少年更以身體體現的方式，突顯內心對成人世界的反抗與吶喊；或有甚者，以紀念故事體現並建構自己的生命情感。由於現代青少年正值青春盛開時期，雖然可能來自於家庭因素或情感因素等重大事件，形成身體特殊的體現方式，縱有缺憾，但卻充分真情的流露；縱有迷失方向，但卻自我承受，不傷及無辜。轉而展現另一種青春之美，從體現最在乎的情事分析中可以得知。也就是說：體現的改變多半來自於負面事件影響，然而，他們強烈的自我中心意識，雖然在家庭、校園、社會中不易得到各界支持聲納。但在追求體現的世界裡，努力尋找出屬於自己的尊嚴與喜悅。不管社會如何在他們身上貼著負面的標籤，但青少年透過身體發出的反抗與吶喊，卻是當代台灣社會最原始也最為純真的內心聲音。

226

第 六 章
檢 視 與 省 思

驀然回首，作者回顧多年來從事校園學務輔導工作，未深切體認到社會與家庭結構可能改變，而新一代的青少年價值取向，卻早已在社會變遷的微妙中發生變化。曾幾何時，自己也誤以偏瑕的負面刻板認知態度或管教語言，無形中造成體現特殊青少年學子的二度傷害或心理傷痕，期望藉由此研究之心得，能學習自我反思並以正向角度彌補過失。本書與12位青少年及6位師長的訪談過程中，讓作者有機會對於這股次文化的流行趨勢，所隱含的層面有進一步體認。也從訪談分析中對身體體現特殊的青少年從誤解、排斥到瞭解與接納。這段解構、建構的歷程中，讓作者逐漸的在青少年身體意象之體現意識層面契悟，改變了原本對體現特殊青少年的負面刻板印象，重新省視自己改變了什麼？能做什麼？身為訓輔工作人員，應該加以培養自己對不同次文化的理解與欣賞，並認同差異價值觀點的尊重與包容，消除師長存有的偏見，並期許自己能真正發自內心去實踐「多元文化」的真諦。因為從研究結果發現：普遍社會對於體現特殊青少年，確實存有偏瑕的眼光。對於這群青少年而言：他們還有一條漫漫長路要走。

第一節　研究歷程的發現

　　探索了當代社會學者有關於身體體現理論的詮釋，也藉由研究參與者的生命歷程與經驗分享，對於本書確有重要的貢獻。除第五章研究分析過程的研究發現已詳敘其中，本章另綜合歸納以下幾點重要發現：

一、體現特殊容易上癮：

　　上癮行為，在基本上是學習而得的。它既不是罪行，也不是因為喪失控制。反之，它被當成是明顯受制於環境、家庭、社會或甚至是認知等關聯條件之下，因而導致的問題行為(Dennis,1996)。

　　「我先打耳環，然後我媽就說：那你就不要再打了，你就打一個就好了。我原本想：一個就好。結果，再打舌環。過不久，就有種慾望還想再打。然後，下巴環也就跟著來了。好像會上癮耶!因為我覺得還不錯!」（B119）

　　「我自己覺得，穿洞真的會上癮，到目前為止，很多人也這麼認為。」(A324)

　　「一開始的穿洞會覺得很好看，可是久了就會覺得膩，

所以，很想要嘗試下一個。」(A2120)

　　「刺的滿滿的還覺得不夠，想要第二個身體。」(A179)

　　從受訪者青少年身上，可以發現：從事體現特殊的方式，如刺青、穿洞或彩繪指甲等行為，很容易在身體改造之後，一發不可收拾，成為一種癮慾。這是許多受訪者的一致想法，當在嘗試體現過程，也同時接收心靈的紓解後，體現反而找到了一個心靈宣洩的出口。更因此提升身體多樣的變化性，也在造型打扮自覺美觀方面創造了「雙贏」。報載【10】星球貝克漢披露紋身紋上癮，享受那種痛苦的感覺；現在貝克漢身上共有12個紋身，包括3個兒子的名字及守護天使等圖案。原來刺青的痛，也是一種自虐，享受一種SM的快感。很多人對刺青、穿洞上癮，因為那種痛的感覺很快就會消失，取而代之是想刺上新圖案的慾望（蔡幸秀，2006）！往往在嘗試過後，很容易會欲罷不能。更有部分青少年從中獲取異性緣，或創造自我「形象品牌」，無怪乎阿德說：「會有一種慾望，也是一種享受」(B395)。那份繼續嘗試的癮慾，自然也就伴隨而來。再從全體受訪資料中，有11位青少年均期望體現增加與變化的數據來看（佔92%），此觀點可以得到有力證明。從本書體現因素分析中，青少年確實因家庭教育、環境改變、社會學習等生命

【10】資料來源：奇摩新聞<貝克漢自爆強迫症怪癖>，上網日期2009年2月25
　　　http://hk.news.yahoo.com/060402/12/1mmdm.html。

歷程之影響而發生身體體現改變，正符合Dennis上癮的論點。

二、青少年特殊身體體現過程，存在著多重複雜心理因素與特殊的重要性：

　　隨著現代性的出現，某種類型的身體外貌和行為舉止，明顯地具有特殊的重要性（趙旭東、方文譯，2002）。本書初期發現：體現改變因素中，家庭的管教與家庭疏離佔83.3%的高比例。然而，這只是體現的一個重要開端。青少年在成長階段中，當得不到正當的需求與滿足時，各種生理與心理變化，很容易隨著事件的發生，而以身體自主的變化，彌補或滿足內心的缺憾與不滿。

　　在Maslow(1970)之各類需求的層次與發展變化中，具有以下幾種特性：

　　（一）各類需求會依照生理需求、安全需求、歸屬與愛的需求、尊重需求以及自我實現需求，逐漸自我滿足並向上發展。

　　（二）個體在某一狀態及時間內，會以某種優勢需求為實現核心。

　　「從小父母雙亡，因為自己缺乏愛，所以要以此增加自信。」(B31)

　　「我這麼做都是希望能得到父親的關心，另一方面也是

想反叛他。」(D2100)

　　從青少年體現的因素中發現：體現過程充滿著各種對於需求的心理層面。身體體現即是此一階段時期的實現重心之一。本書在第五章已綜合整理出，體現的因素與動機：其中包含了永久性的紀念、情感宣洩、增加友誼、風格展現、性別改變扮演、反抗權威、審美眼光等多重複雜的心理因素與特殊的重要性。身體特殊體現的方式，意外成為青少年面對這些多重因素的「流行趨勢」。這是1970年代以後出生青少年的獨特性指標，值得加以深入剖析。

三、社會價值變遷無法與身體體現變化劃上等號：

　　這幾年在社會風氣的快速變遷及傳播媒體的大肆播報下，社會體現穿著的尺度日益開放且五花八門。青少年不願錯過這股體現多變的時代，指甲彩繪、紋身館、造型藝術等行業大發利市。在一片不景氣聲中，新聞報導97年女性種睫毛行業、紋身館業績卻是扶搖直上。只不過社會眼光未必接受這股成長趨勢，從研究結果來看，社會變遷價值觀與體現特殊正向觀點仍然背道而馳。研究顯示：

　　（一）師長全然無法接受子女的特殊體現：並且對於體現特殊存有負面的刻板印象。雖然因普遍化較已能接受，但仍然不易突破內心成見的關卡。。

231

（二）家長對子女體現特殊行為存有高度的負面認同：家長此行為在親友間會有顏面無光，育兒無方之感，也因此更拉大親子關係之距離。

（三）職場對於體現身份的高度排斥：除部份青少年娛樂消費場所外，普遍機關、職場面試均難以正面眼光看待，求職之路恐因此受阻。

（四）社會存有不良少年認知的標籤印象：尤其男女交往或同儕相處，絕大多數家長對於均會擔心與反對自己子女的交往對象是體現特殊朋友所存有偏見與疑慮。

其實，身體「所有權」問題的突顯，是由其在抽象系統和自我反思性計畫中的雙重捲入而造成的。在生活政治的領域中，這一問題包括了個體如何在生活規劃的身體發展策略中做出選擇，也包括誰來決定對身體的產物以及身體各部份給予的處置（趙旭東、方文譯，2002：214）。本書除了一半比例青少年能接受與認同同儕體現特殊外，整個社會刻版印象已將體現特殊青少年緊緊裹覆；無怪乎，許多受訪青少年以身體自主體現作為內心強烈的吶喊，均期望社會、師長不要以貌取人，並希望家庭能接受他們身體的自主性行為。

值得注意的是，刻板印象不見得帶有情緒性，而且，不見得會導致身體傷害事件等意向行為。然而，刻板印樣一旦開始作用時，這些特徵就會立刻浮現在腦海中，提供我們許多對體現不同一般人的認知捷徑，進而產生偏見（李茂興等譯，1994）。從研究參與師長們對體現特殊青少年的訪談內容中，可驗證此一論述的觀點。由以上觀點與受訪結果得知：社會這一套負面標籤的刻板印象，註定體現特殊青少年將繼續與社會

負面觀感奮鬥的命運。迷失方向青少年更體認：社會認為自己是如此，自己也只好變成社會認為的樣子了。這些體現特殊的青少年，只好在自己的世界裏，彼此相互取暖，期待一道難以看見的署光。

四、特殊身體體現與缺乏的親情之愛成正比：

作者發現：青少年特殊身體體現的核心因素，一切緣起幾乎全是家庭因素，此因素也是一切體現過程的軸心，轉動著層層衍生體現特殊的因素齒輪；本書顯示：體現特殊出發點的因素中，家庭負面打罵教育4位、父母離異或親子疏離6位，C3加加 (雙胞胎妹妹) 雖未表示打罵是主要因素，但從姊姊C2言談中發現：妹妹也深受嚴管家庭之重大影響。受到家庭因素影響而改變身體體現合計比例高達92%。

再度深入訪談分析中發現，下列原因也包覆與家庭之間的關聯性，包含：

（一）生命重大歷程－包含姐姐嚴管壓抑、父母期望賭氣因素。

（二）永久紀念－母親相片刺青。

（三）重要他人關聯－包含2位受訪者對姊姊的模仿、以及體現特殊網友慫恿作者對父母的反抗。

（四）性別體現－因父母離異或外遇產生對性別的厭惡，而刻意體現不同性別。

除上敘述四點外，尚有更多的體現動機與親情關係密切關聯。親情之愛的缺憾度越高，體現特殊的比例也隨之向上增加。

233

再從本書各類型觀察家庭狀況，分析如下：

（一）自主定性向型：人生態度樂觀較積極，體現以紀念意義為主。A2父曾外遇但回心轉意，A3姐姐嚴管打罵，不過，A1、A2、A3均得到受父母疼愛。

（二）他主定向型：人生態度「歡喜就好」，體現以美觀為主。B1、B2、B3皆因父母長期疏離，缺乏真愛並藉體現彌補缺陷。

（三）尋求方向型：人生目標與自身體現之相關事業關聯度高，體現以叛逆風格為主。C1 因父親早逝，C2、C3打罵教育，以上均缺乏家長認同，而在外努力體現自我。

（四）迷失方向型：體現以叛逆、自我傷害為主，人生態度負面消極。D1、D2、D3三位家庭分別為分裂、家暴與離異，沒有家庭認同，無奈體現內心傷痛。

綜上所述，可以發現：

缺乏的親情之愛，是青少年選擇以身體特殊體現，對家庭的反抗或彌補因素。尤其父母之愛與家庭美滿是無法被世間任何事物所取代的，即使在青少年成長之後面對感情、人生目標與態度的選擇，仍深受此一因素既深且遠的影響。

第二節 理論對話與真情呼籲

一、理論對話

　　本書透過身體體現特殊青少年，對其身體自我體現經歷所的主觀經驗與感受，探討他們面對社會價值變遷與認同差異等文化因素的影響，包含：生命歷程、大眾媒體、性別社會化、重要他人等因素的建構。並分析這些青少年與家庭、學校、社會間的人、事、物互動中所產生的認同差異與因應過程，是如何建構自我身體意象；並且因為社會正面或負面認同所產生對青少年的心理影響程度，與自我滿意情形、生命態度及價值取向等，是本書結果之後重要的討論方向。

　　本書在社會建構論的基礎下，來審察與分析青少年身體體現的改變因素。就差異本體論來解釋青少年如何以期望身體自主性，對自身產生感性與能動性。並就身體體現的建構與認同觀點，在社會學者的理論對話中，分析身體體現所產生的自我認同與價值觀。而從社會學習理論觀點的角度，發掘流行文化、大眾媒體等環境誘因刺激所帶來身體體現改變的熱潮。由以上的理論方向，歸納青少年身體體現經歷所產生以下三點關聯性因素，茲分述如下：

　　（一）從青少年生命歷程中可建構其身體體現的價值取向：本書研究過程可以歸納以下四個面向，瞭解生命歷程所建構身體體現改變的相關因素。

1.在家庭父母正向認同與愛的教育環境建構下,使青少年改變身體體現的因素,是以紀念意義的主要思維態度,來決定體現的取向。這些青少年內心,也蘊涵較豐富的生命感情。

2.在家庭疏離或負面管教的家庭環境建構下,青少年改變身體體現主因,則充滿了反叛的體現心態,人生態度也相對悲觀負面。

3.受社會價值之型塑與遷制,青少年的特殊身體體現也受到負面觀感的標籤印象,而遭他人敵視或師長、親友排斥等情形。本書中的受訪6位師長,也受到社會文化建構,對體現特殊青少年有負面刻板印象。

4.因家庭父母性別環境改變的影響,致使性別社會化過程異於正常家庭之型塑,產生性別身體體現有異化的情形。

(二)此一世代青少年在身體的銘記與體現方式,已經強烈表達自我控制的本體自主性;他們勇於在身體上自我表現,不畏社會成人負面認同的眼光,差異的本體論點,在兩代之間可以顯現。於是,近年刺青、穿環、造型髮廊、整形、指甲彩繪、種睫毛、減重等有關身體改造的相關行業大行其道;本書有半數受訪者,將自己內心情感烙印在身體上,不論是紀念珍藏亦或生命歷程的負面傷痛,都表達出自己身體感性的能動性。因此,體現身體是現代人探索自我的重要方式。

(三)在流行文化與大眾媒體的學習模仿下,加速了改變身體體現的浪潮。近幾年網路媒體的推波助瀾,使日本視覺系藝人「雅Miyavi」已成為本世代眾多青少年膜拜的新偶像;許多日本地下搖滾團體,其特有的造型風格,使得許多體現特殊青少年在認同上找到相同的標示。從本書5位受訪者,對此

藝人團體如此尊崇則可以看出：當青少年內心與偶像團體產生契合時，學習與模仿改變的強度就非常難以抵抗了。

從本書對於受訪青少年及相關師長在身體體現議題上的逐一鋪陳，可以發現：身體體現的改變，是透過社會眾多因素的根植與建構而成。研究有許多受訪青少年目前所體現的狀態，仍受到社會家庭觀感的約束與規範，而不敢體現過當，仍表現出適當的舉止；受此因素影響，與他們期望身體體現的目標，還有一段差距，這也是在台灣社會建構下的一種社會文化現象。

二、真情呼籲：

本書隨探索的動機出發，尋找青少年身體日常操演身體體現變化的歷程中發現：體現開始之際，多半存在「事件」的變異。尤其在刺青、打洞兩項身體烙印的體現最為深刻，此體現行為進而變化出更多樣化的個人體現方式。研究中發現：純粹以美觀為首要體現出發點的比例卻意外偏低，流行美觀多半是體現後才形成個人展現的重點。本節茲將研究過程的發現，歸納如下幾項具體建議，俾供家庭、學校、社會及相關青少年輔導從事機構參考。

（一）對家庭真切的呼籲：

唯有家庭和諧美滿才是青少年生命歷程最珍貴的禮物。也才能體現健康自信的生命意義。父母若能以正確的教育，正

向引導子女的體現方式，子女在人格發展與自我認同則較為正面。

237

「從出生那一剎那開始，我根本就是個不被需要的人，我爸跟我媽會結婚也是我媽要利用我爸，在百般不情願的情況下生下我，然後離婚。跟我爸生活就只覺得說他不配做一個爸爸，造成我現在根本不想要有小孩。有哪一個父親每天回家都要跟自己兒子算帳的(不悅)！從出生那一天花他多少錢…，每天回家都被他計算這些…。我和他住對他而言是一個累贅，他平常時不想回家就不要回家…。我在家常說我給他一大堆麻煩。（D138）

「當個人真的活的很累，又加上自己家庭又這樣子吧!然後我認識的朋友十個有八個都是單親家庭，我們幾個又特別好，因為家庭的狀況類似，所以就可以吸引其他也跟我類似的，其實大家都是苦過來的，大家都有共同的經驗跟傷痛，如果說出生在一個很健康很完美的家庭，我相信我的人生態度一定會不一樣的(語氣肯定)！」（D1151）

D1耗子的際遇，是因家庭不美滿，而直接影響子女悲觀消極的生命態度，其身體體現方式也與宣洩內心憤恨關聯密切。受家庭問題影響的特殊體現者，還包含了其餘十位受訪者，體現代言了他們內心對家庭的不滿，與對家庭幸福的渴望。在青少年體現的身上，作者所看到的體現因素竟包含：內心不滿、反抗家庭、性別角色偏差、自我傷害與期望父母關愛

的眼神等因素。當青少年可能擁有某些手段，對身體行使一種前所未有的掌控能力時，我們也生活在這樣的時代之中；也就是對此掌控結果，以及我們應該如何控制自己的身體等相關知識，頓時陷入徹底質疑這樣的時代之中（林文琪譯，2004：93）。體現雖然有暫時彌補與宣洩內心缺憾之功用，但青少年內心也陷入了一個又一個的矛盾漩渦之中。從D1耗子與C1小衍的無名部落格相簿中，清一色都是一群體現另類特殊的青少年。耗子表示：他們都是集體類聚並彼此「取暖」的單親寶寶，所代表的是數以萬計晦暗家庭的冰山一角吧！在這金錢充斥的年代，家庭任何形式的疏離，都容易使得偏差行為於焉展開反撲。

（二）對傳道、授業、解惑者的良心建言：

從本書發現師長難以突破的刻板印象，以及以下師長與學生訪談內容的對照。身為師長若普遍存有負面與排斥心理，那麼青少年又如何能從負面的框架中，去正常學習與健康的心理發展，值得教育工作者深思。

「其實老師大部份都是刻版印象，有一次上課我們這一排打扮都是這個樣子，上課沒講話、也沒做什麼事，可是從老師眼光來看我們，就是壞小孩，在分數也有一些偏低的感受。上課罵人的時候，會一直強調我們這排，說你們這堆都是一樣壞，你們這團、你們這群，被烙負面印記早就習慣了。就覺得很不舒服，曾經某科老師覺得我們這群都是壞小孩，然後一直

念一直念，上課上到一半不上課講道理，數落我們是壞學生，可是當下就覺得很無辜阿，我也沒講話、沒睡覺阿，然後翻開課本聽你講課阿，還是要被罵(激動)。」（A1131）

239

「我們都是屬於在舊體系下成長或都是同一個年代的人，我們的教育會告訴我那太誇張了，因此，對於那些比較愛秀愛現的學生都會比較排斥。」(E172師長)

「基本上我的心態是難以接受，當時的看法會覺得這些人怎麼那麼奇怪，會以偏見的眼光看待他們。如果說我的子女也以這種方式來體現的話，那我更完全不能接受。…現在雖然多元化社會，不過，我想老師們大體上不太能夠接受太突出的身體體現學生。太過強烈像西方那種龐克造型，基本上校園裡面還是應該要有比較好的規範。」(E43師長)

若是從A1阿倫一廂情願的認定師長對造型體現特殊學生有偏見，以及有9位受訪者的被貼標的實際經驗，而對傳道者有成見眼光上論斷，或許過於偏頗。不過，從上述受訪師長的自我表述內容中，青少年體現改變初期全體師長均承認確存的負面觀感，以及多位師長自今仍無法突破的心牆，更無法接受子女的體現改變來看：「有教無類」、「一視同仁」的教育初衷，實在是現代師長難以達到的理想境界。不過，值得欣慰的是：本書受訪普遍師長雖不支持，但均學習秉持教育觀點，告誡學生烙印體現或染劑體現方式所可能產生的影響，包括健康面、孝道倫理面以及工作職場排斥面等面向，希望能給予現代

青少年一個自我反思的良心建議。

藉由本書的研究，也建議中學以上師長，能在青少年體現改變的當下，能以同理之心，適時了解他們體現背後隱含的因素，勿先存有負面偏見的眼光。因為，研究發現：體現改變多因「事件」而起，家庭事件更居首位。而體現特殊的開始，也是青少年內心矛盾的開端。因此，師長應尊重學生個別差異，從關懷的角度出發，是協助青少年解決成長認同危機、行為偏差並導正人生方向的重要他人，師長切勿妄自菲薄。

（三）社會應捐棄成見，破除負面刻版印象：

本書顯示：青少年大聲疾呼的做自己身體的主人，兩個重要意涵：

1.他們抗拒家庭束縛或家庭疏離，以身體表達無言的吶喊。

2.他們尋求彼此認同，並以身體體現做為內心宣洩的重要管道。

隨著時空的轉變，刺青、穿洞等身體體現已不再是幫派或不良少年的代名詞，從與體現相關行業的大發利市來看，這種行為已成為時下青少年流行文化的趨勢之一。然而，整體社會仍存有嚴重的負面認同觀感；尤其在工作求職、父母對子女交友觀感態度等兩方面最為明顯。社會的「標籤化眼光」是助長青少年走向邊緣化的幫兇之一。因此，將體現特殊行為視為正常現象，有助青少年在成長階段中學習自我反思以及行為態度的正向發展。

（四）給時下青少年體現前的自我反省
建議觀點：

本書發現：現在青少年負有豐富的生命情感，在身體的銘記方面，較上一代勇於表現，也突顯價值與認同的世代差異。然而，青少年很有可能在這過程裏，產生以下三種情形：

1.在決定以身體外型以銘刻方式改變後，很容易無形中陷入體現的癮慾，而欲罷不能。

2.會以身體自主權觀念以自我銘刻的體現方式，當作自我內心宣洩與反抗權威 的習慣工具。

3.將自我身體體現行為改變的方式，當做是彌補內心缺憾的一種方法。

雖然，體現的方式與過程，可能達到一定程度的滿足。然而，青少年可能在體現的當下，未加以思考周延而產生後悔或矛盾的心態。

「以前這樣的反叛行為（刺青穿洞），並沒有讓父親行為或想法有何改變，反而作出傷害自己的行為。現在會有很嚴重的心理作祟，害怕交男朋友，曾經被對方家長不喜歡而趕出去。…我並不是會去做壞事的女生，只是當初沒想清楚…。」（D274）

研究顯示：在家庭、學校、社會尚對此行為存在的負面觀感之際，青少年最擔心未工作職場上求職的排擠，以及異性交友對方家庭的反對。因此，當體現到某程度，而形成自我未

來的層層阻礙時，應思索身體體現的表現尺度，是否損及個人未來的生涯規範，值得三思。

「我覺得穿環、刺青適當就好，不要那種耳朵或臉上一排的很噁心，就是看了會怵目驚心，也不要給別人造成視覺上不良觀感。因為我覺得自己喜歡是沒錯，可是如果打扮太over的話，變成大家眼中的異類，當然，很難不被貼上標籤，尤其找工作方面，老闆也會怕吧。」（A3227）

另外，建議青少年宜培養正當的休閒活動，並結交益友，找尋生命中值得傾訴的對象，不論是同儕或長輩。畢竟，體現因素多半是被生命中的重大事件所啟動，若是出於此因，在銘刻身體的印記前，應先尋求最佳紓解情緒的方式，勿以身體做為內心不滿的第一首選。

「那時候在我身上發生一些我覺得很嚴重的事情，就是讓我覺得很難過的事情發生，我就會去打一個洞。只能說我全身上下的洞，每一件事情都是很傷心的回憶，…打完洞的當下會覺得我還活著，就是用這種痛的方式讓自己覺得自己還活著。」（D192）

D1耗子與D2小魚的生命際遇，確實令人值得同情。但是，以自我傷害的體現方式，並非唯一途徑。我們期待社會能逐漸接受這一切的不完美，更期望正在徬無措的青少年，凡事應先三思慎行，人生體現才能精彩可期。

（五）接觸與反思是溶解體現特殊青少年刻版印象的起點

雖然刻板印象不易改變，然而，當有足夠訊息否定刻板印象，或是當人們遇到足夠的特殊個案時，還是會改變自己的刻板印象（曾華源等譯，1997：204）。另外，當一般人對某一社會團體或個人持有偏見時，經常會對團體成員或個人做出以下的評語：「你看吧，他們就是這樣，他們都一樣！」也就是說，當我們面對團體外的成員時，經常會認為其他團體成員間的一致性，高於自己所屬團體成員間的一致性。

從學生與師長認同訪談的內容對照中，青少年被「標籤化」的感受，並非心理作祟，確實是其來有致的。由於在學校或社會中，成人有意無意的把青少年自動分類並加註不良標籤，很容易使他們在人格上產生負面影響。當我們看待別人時，刻版印象不時地會出現。因為人們總想把握住「看」的一致性，希望看到的世界是穩定、可以控制的，而長久使用一固定角色看世界，角色已經成為自己根深蒂固的一部分。經過長年累月逐漸僵固的觀感，刻版印象就不易消除了（陳志成，2006）[11]。

畢竟，體現特殊的青少年，並非行為不當的叛逆青少年，即使行為偏差，也多半是家庭疏離或管教事件所造成，需

---

[11] 陳志成，2005，＜從高夫曼的日常生活自我表演論自我與角色扮演＞。《網路社會學通訊期刊》2005/4/16。

要成人更多的關心與輔導，協助其走向陽光。如果校園變成負面人格的教育場所，那麼，這些體現特殊的青少年，不論在心態上或行為上，就更容易加速成為「麻煩製造者」。此刻的青少年，正處於成長過渡時期，當他們得不到鼓勵的掌聲，與主流世界的認同眼光時，只好尋求認同的族群或自我取暖，並且在成人的氛圍異世界掙扎。於是，青少年想為自己掙得一片屬於自己的天空，他們雖然無法正面對抗，也只好選擇用身體去創建一個屬於自己的表達方式。

營造平等尊重的友善校園，提供師生安全溫馨的優質學習環境，是當前教育部重要施政目標。積極推動實學生輔導新體制、生命教育等相關議題統整規劃，尊重個別差異以營造安全溫馨校園。藉此教育政策，期望校園能對本書之重要發現展開有效作為，從校園的接觸、反思與溶解刻版印象為起點，進而擴展整個社會：

1.透過教師輔導知能研習，研討教育輔導機制，並強化師長對體現特殊青少年的行為認知與輔導技巧。

2.能主動關懷青少年學生，藉以瞭解體現改變的背後因素。從愛與關懷溶解青少年體現的心理圍牆，並有利於心理輔導與正向教育。

3.尊重學生個別差異，修訂不合時宜之法令規章，並強化訓輔工作人員的輔導管教技巧。

上網日期：2009年2月24日

第三節 研究限制

本書有下列三項研究上的限制：

一、由於作者本身在學校從事訓輔工作一職，對於受訪對象較有全般性的瞭解，但也可能因此在訪談對話中，礙於受訪者身份背景，而選擇部份內容的保留與顧慮，難免成了研究的限制之一。

二、本書對象是以北部地區技術學院學生為主；整體學校校風、同儕價值觀、學生素質，自然與他校有所區隔；在與指導教授的對話中，再去觀察恩師所任職的學校，則較難以發現特殊體現類似的學生。因此，作者無法證實在不同教育背景與不同地區能否得到同樣的推論。

三、本書採取質性觀點的個案研究，雖然在分析中有較大發揮空間，但當自己穿梭在研究範疇裏，同時也自我承認看到視野的盲點。另外，個案心理或行為改變為持續不斷的活動。因此，研究階段界定研究結果與發現，均可能受到作者的信念、經驗所影響。

第四節 後續研究與未來發展

對青少年特殊身體體現，有日益成長的趨勢現象來看，作者認為此研究議題之內涵有相當值得繼續探索的空間。

因此，提供兩點研究方向，俾供參考。

一、研究議題的深入化：

本書對於社會價值變遷與認同差異兩大面相進行研究探討，並從16位受訪者中勾勒出體現的價值觀感與認同差異。在個人特殊體現的心理發展層面方面，值得進步再加以探究。尤其，尋求方向與迷失方向兩類型青少年的體現案例，可再深入訪談研究與剖析。

二、研究對象的廣度：

在與師長訪談的過程裏，他們對於體現特殊青少年的「自動分類」、刻板印象與態度歷程轉變，都是很值得探究的議題；擴而大之，不論是青少年體現與家庭父母的代間認同差異或是社會標籤化現象，均值得深入剖析。對於寫給當代台灣社會認同觀感的建議，就借用以下兩位受訪者的對話作為結束。

「我這樣穿著，在日本是很稀鬆平常的，但台灣社會卻無法接受。」(B317)

「我走在路上，很多人看到我都是一個問號，且多半是負面的刻板印象。」(A122)

～ 希望此研究的結束，也是下一個研究的開始。～

參考文獻

一、中文部分：

王麗瓊，2001，《國中生身體意象之相關因素分析研究》。台北：國立臺灣師範大學衛生教育學系在職進修碩士論文。

王麗玲，1994，《大學女生成就動機、性別角色刻板印象、政治態度、與政治參與意願之研究》。台北：輔仁大學應用心理學研究所碩士論文。

李幼蒸，1998，《結構的時代—結構主義論析》。台北：谷風出版社。

周玉真，1993，〈青少年身體意象之探討〉。《學生輔導通訊》20：64-73。

周玉慧、吳齊殷，2001，〈教養方式、親子互動與青少年行為：親子知覺的相對重要性〉。《人文及社會科學集刊》13-4：440。

林崇德，1998，《發展心理學》。台北：東華。

段秀玲，1997，〈解讀新新人類〉。《諮商與輔導期刊》136。

胡幼慧，1996，《質性研究：理論、方法及本土女性研究實例》。台北：巨流出版社。

高強華，1999，《青少年問題之輔導》。台北：五南出版社

張春興，1996，《教育心理學》。台北：東華出版社。

畢恆達，1996，《詮釋學與質性研究》。台北：巨流出版社。

許春金，2000，《犯罪學》。台北：三民書局。

郭為藩，1996，《自我心理學》。台北：師大書苑。

陳君儀，2001，《社會化過程因素與少年身體形象知覺之研究》。台北：國立臺灣大學社會學研究所碩士論文。

彭懷真，1994，《社會學概論》。台北：紅葉文化。

黃俊傑、吳素倩，1998，《都市青少年的價值觀》。台北：巨流出版社。

楊國樞，1986，＜家庭因素與子女行為：台灣研究的評析＞。《中華心理學刊》28：7-28。

楊儒賓、何乏筆，2004，《身體與社會》。台北：唐山出版社。

廖克玲譯著，1982，社會學習理論巨匠-A. Bandura。台北：允晨文化。

蔡幸秀，2006，《青少年刺青次文化認同初探》。桃園：元智大學資訊社會學研究所碩士論文。

蔡峰月，2002，《社會變遷中青少年的道德價值觀－彰化地區高職學生道德價值觀的調查研究》。台北：國立台灣師範大學三民主義研究所碩士論文。

謝文祥，2000，《我國生物多樣性的社會建構—環境社會學的觀點》。台北：台北大學資源管理研究所碩士論文。

聶西平，1998，《瘦身廣告之內容分析》。台北：國立台灣大學公共衛生研究所碩士論文。

藍佩嘉，1995，《銷售的政治：性別化的勞動身體規訓—兩種
　　化妝品銷售體制百貨專櫃、傳銷的比較研究》。台北：國
　　立台灣大學社會學研究所碩士論文。

羅燦英，1997，＜性別規範的論述抗爭＞。《台灣社會研究季
　　刊》25：169-208。

Aronson, E. Wilson, T. D. & Akert, R. M.著、李茂興、余柏泉譯，
　　1994，《社會心理學》。台北：弘智。

Barker, Chris著、羅世宏等譯，2004，《文化研究：理論與實
　　踐》。臺北：五南。

Baron, R. A. & Byron, D.著、曾華源、劉曉春譯，1997，《社會
　　心理學》。台北：洪業。

Best, Steven & Kellner, Douglas著、朱元鴻、李世明譯，2005，
　　《後現代理論：批判的質疑》。台北：麗文文化。

Bocock, Robert著、張君玫、黃鵬仁譯，1995，《消費》。台
　　北：巨流。

Carbtree, B. F. & Miller, W. L. 著、黃惠雯、董琬芬、梁文蓁、林
　　兆衛譯，1995/2003，《最新質性方法與研究》。台北：韋
　　伯。

Foucault, Michel著、尚 衡譯，1990，《性意識史：第一卷導
　　論》。台北：桂冠。

Foucault, Michel著、劉北成譯，2003，《規訓與懲罰》。北京：
　　三聯。

Giddens, Anthory著、趙旭東、方文譯，2002，《現代性與自我
　　認同》。台北：左岸文化。

Goffman, Erving著、徐江敏、李姚軍譯，1991，《日常生活中的自我表演》。台北：桂冠。

Johnson, Allan G.著、成令方、林鶴玲、吳嘉苓譯，2001，《見樹又見林：社會學作為一種生活、實踐與承諾》。台北：群學。

Mead, George H.著、胡榮、王小章譯，1995，《心靈、自我與社會》。台北：桂冠。

Samuel, P. Huntington 杭廷頓.柏格著、王柏鴻譯，2002，《杭廷頓‧柏格看全球化大趨勢》。台北：時報出版。

Turner, Bryan S著、馬海良、趙國新譯，2000，《身體與社會》。瀋陽：春風文藝出版社。

Woodward, Kathryn等著、林文琪譯，2004，《身體認同─同一與差異》。台北：韋伯文化。

二、英文部分

Bandura, A., 1997, *Social learning theory*, Englewood Cliffs, NJ：Prentice Hall.

Becker, H. S., 1963, *Qutsiders*, New York：Free Press.

Bell, S. 1999, Tattooed：A Participant Observer's Exploration of Meaning. *Journal of American Culture*, 22(2)：55.

Berg, B. L., 1998, *Qualitative Research Methods for the Social Science*. Boston：Allyn & Bacon.

Berger, P. L. and Luckman, T., 1996, *The Social Construction of Realiy.*, New York：Anchor Books.

Crabtree, B. F. and Miller, W. L, 1992, *Doing Qualitative Research*. Newbury Park：Sage Publications.

Csordas, Thomas J., 1994, "Introduction：The Body as Representation and Being in the World. *In Embodiment and Experience*"：pp1-24. *The Existential Ground of Culture and Self.* TJ.Csordas, eds. Cambridge：Cambridge University Press.

Dennis, L. Thombs. 1996, *Introduction to Addictive Behaviors*, New York：The Guilford Press.

Erikson, E. H., 1963, *Child and Social.* NY：Norton.

Goffman, E. 1959, *The Presentation of Self in Everyday Life*, London：Bantam Dell Pub Group.

Hannigan, John. A., 1995, *Environmental Sociology: A Social Constructionist Perspective*. New York: Routledge.

Jeffreys. S., 2000, "Body Art and Social Status" : Cutting, Tattooing and Piercing form Afeminist Perspective. *Feminism and Psychology*, 10, pp,401-429.

Leeds-Hurwitz, W., 1995, *Socoal Approaches to Communication*. New York: The Guilford Press.

Maccoby, E, E. 1992, "The Role of Parents in the Socialization of Children: An Historical Over view," *Developmental Psychology*, 28: 1006-1017.

Marx, K,1974, *Capital.* London: Oxford Univ Pr.

Maslow, Abraham H., 1970, *Motivation and Personality*, 2nd ed., New York: Penguin Books.

Mellor Philip A. & Shilling Chris., 1997, *Re-Forming the Body: Religion, Community and Modernity.* London: Sage Pubns.

Merriam, S. B, 1998, *Case Study Research in Education. San Francisco:* Jossey-Bass.

Mishler, E. G., 1986, *Research Interviewing; Context and Narrative.* Cambridge, MA: Harvard University Press.

Neuman, W. L, 2000, *Social Research Methods: Qualitative and Quantitative Methods.* NJ: Prentice Hall.

Penman, R, 1992, "Good Theory and Good Practice: An Argument in Progess." *Communication Theory*, 2: 234-250.

Rotenstreich, N, 1965, *Basic Problems of Marx's Philosophy*, Indianapolis.

Senior, M. and Viveash, B., 1998, *Health and Illness*. London: Macmillian Press Ltd.

S Chris, 1993, *The Socially Constructed Body, The Body and Social Theory*. London: Sage publications.

Shilling, Chris, 2003, *The Body and Social Theory: The Body, Self-Identity and Death*. London.

Shitter, J., 1989, "Social Accountability and the Social Construction", pp. 133-151 in *Texts of Identity*. edited by J.Shotter and K. J. Gergen. London: Sage Publications.

Shotter, J. , 1993, Conversational Realities. London: Sage Publications.

Sweetman, P ,1999, "Anchoring the (postmodern) Self？ Body Modification, Fashion and Identity." *Body and Socieyt*. 5: 51-76.

Turner, Bryan S, 1996, *The Body and Society: Explorations in Social Theory*（2nd ed）. Lodon: Sage Publications.

Whelan, D., 2001, "Ink Me, Stud." *American Demographics*, 2001: 9-11.

附錄一：
訪談內容編碼分析表

第五章 身體體現的價值變遷與認同差異(學生部分)			
節次	主軸編碼	開放編碼	細部編碼內容
第二節	5-1 轉變造型因素分析	5-1-1 家庭威權教育	1.父母管教嚴格，壓抑情緒，心生反叛 (C21) (C396) 2.父親威權打罵教育 (D21)
		5-1-2 家庭關係疏離	1.父親疏於管教，且不負責任經常責罰孩子，不受重視 (D138) 2.父親工作疏於管教，而兩個姐姐穿鼻環後，跟進轉變 (B11) 3.父母情感不和睦、晚歸 (A220)
		5-1-3 父母離異	1.父母雙亡，缺乏母愛 (B32) 2.父母離異，奶奶管教嚴格 (B27)
		5-1-4 週遭他人影響	1.同儕影響 (A226) (D21) (B222) (D32) 2.高一喜上一位女生(同性)而學習模仿改變 (D31)
		5-1-5 身心因素之影響	1.流行音樂、樂團，契合到自己內心 (A13) (C38) 2.在外得不到成就感與同學間之認同感 (A325) 3.為了讓自己滿足 (B130)

第二節	5-2 生命歷程之重大事件對體現轉變之影響	5-2-1家庭暴力的影響力	1.父親經常家暴，並常打母親及自己 (D214) 2.已被父親打習慣了，一出門就偷偷裝扮體現 (C279)
		5-2-2家庭疏離的影響	1.父母離婚後生恨體現 (D322) 2.家庭疏於管教而於外在交友體現 (D3149) 3.父親過逝後體現 (C115)
		5-2-3 家庭管教因素	1.大學重考未獲父母期望，經常被罵而賭氣 (B142) 2.姊姊管教嚴格，新生反叛 (A328)
		5-2-4感情事件之影響	1.女友分手或父親打罵而打洞自殘 (D194) 2.因一直交不到女朋友而沮喪 (B238) 3.與男又吵架心情不佳穿洞 (A3129)
第二節	5-3 重要他人對特殊身體體現之影響	5-3-1兄弟姐妹的相同磁場	1.姊姊(打扮特殊)想學習成為姊姊 (A243) 2.乾哥(親友)打扮特殊 (A134)
		5-3-2校園中的吸引力	1.學長造型龐克，跟著學長打扮 (D14) 2.同學，穿著流行是學習模仿對象 (B311) (B150)
		5-3-3 社會的大染缸	1.體現特殊的朋友 (D326) (B252) (D126) 2.體現超誇張網友，教育我反抗父母 (C286) 3.前任同姓女友(體現特殊)想模仿對方 (D325) 4.一群叛逆的朋友，找到支持 (D219)

第二節	5-4 特殊身體體現與偶像崇拜及網路媒體之關聯性分析	5-4-1 偶像崇拜：期望體現人物	1.有偶像崇拜 (1)蔡依林 (A254) (2)偏重日本視覺系地下樂團 (D1116) (B267) (C127) (C2146) (C338) (3)港星陳冠希，穿著有質感 (B331)
		5-4-2 大眾媒體	1.經常翻閱雜誌注意流行文化並學習改變穿著 (A3159) (B331) (A152) (B169) (A259) (D156)
第二節	5-5 特殊身體體現與性別社會化之關聯性分析	5-5-1男女身體之性別社會化	1.不會性別改變 (B337) (D1132) (A159) (D227) (D7277) 2.會有性別改變傾向 (1)父母離異不喜歡男生，目前是同性戀者 (D3196) (2)國小時爸爸曾外遇、也打過媽媽所以喜歡女生 (A2129)
		5-5-2 社會性別期待	1.對男生沒感覺，只喜歡同性女生 (D367) 2.是男生想裝扮成女生 (C19) 3.是女生想裝扮成像男生不受身體拘束 (C2119) (A262) (C360)
第二節	5-6 特殊身體體現之青少年生命態度分析	5-6-1 樂觀態度	1.開心快樂就好 (A290) (B172) (B282) (B377) 2.只想做自己 (A392) 3.正面樂觀、積極進取不會停下腳步 (A167)
		5-6-2 消極態度	1.一片茫然，還找不到方向 (D368) 2.負面、消極、活的很累 (D1151) 3.內心空虛 (D228)

第二節	5-7 特殊體現青少年的人生未來目標分析	5-7-1 直接關聯	1.創立樂靠團玩樂團出名 (A165) (C155) (C3132) 2.造型設計師 (D1140) (C249) (B2134) 4.過單存簡單生活並與身體體現有關之行業 (B342)
		5-7-2 非直接關聯	1.脫離荒唐的過去 (D231) 2.開咖啡廳當悠閒的店長 (B1102) 3.把書唸好，能大學畢業參加考試 (D38)
	5-8 有關特殊身體體現最在乎的情事分析	5-8-1 自我感受	1.裝扮感受舒適美觀 (A168) (A3277) (D379) (D1165) (B353) (C166) 2.穿著讓自己開心 (B1118) 3.頭髮髮型好壞 (B282)
		5-8-2 他人感受	1.期望父母有一天能接自己的造型體現 (C2159) 2.拿掉刺青穿洞 (D279) 3.他人對我的評價 (A295) 4.旁人當面的指指點點 (C380)
第三節	5-9 特殊身體體現滿意度質性訪談分析	5-9-1 高滿意度	1.會自我滿意且展現自信 (A3284) (D1175) 2.穿著自我滿意，若不想裝扮體現則全身不自在 (B356) (A3106) (B156) (B243)
		5-9-2 低滿意度	1.欲望需求難以滿足不甚滿意，還可以體現更誇張些 (C265) (D381) (A178) (C3157) 2.無法接受自己刺青 (D240) 3.盲目的覺得別人好看一直在學別人 (C164)

第三節	5-10 特殊身體體現與自我認同度分析	5-10-1 正面高度認同	1.自我認同度高，成為自我保護的裝飾 (A187) 2.能自我認同，且因此較有自信，拿掉覺得受不了 (D384) (A2107) (B292) (B1124) (A389) 3.正面會享受身體體現的慾望滿足，但會擔心未來找工作他人的負面觀感 (B397)
		5-10-2 負面高度認同	1.只要我喜歡，不在乎他人觀感 (C217) (D1216)
		5-10-3 自我認同不足	1.想走屬於自己的感覺，還不夠特別 (C165) (C392) 2.若體現樂團打扮，才顯得有自信 (C2171)
第三節	5-11 特殊身體體現與在校自我表現情形分析	5-11-1 成績表現突出	1.成績良好(令人跌破眼鏡)(想證明和人不一樣) (A2199) (D295) 2.在校成績中上，心態上會刻意力求好成績 (C2146)
		5-11-2 成績表現不佳	1.成績平平 (A124) (D387) (C3127) (B2148) 2.成績很差 (D3150) (C1234) (B1214)
		5-11-3 操行成績良好	1.操行良好 (A2205)
		5-11-4 操行成績不佳	1.操行平平 (A3428) (C2153) (A124) (1226) (D388) (C3132) 2.操行尚可 (但國中曾吸毒進感化院) (D296) 3.操行不佳 (B2150) (C1246) (D3152)

第三節	5-12 特殊身體體現與社會觀感因素分析	5-12-1 無法認同	1.覺得大人會有刻板印象，認為是叛逆的青少年 (A1170) (D3130) 2.覺得負面並會擔心社會有色眼光 (A2184) (D291) (B2124) 3.覺得負面觀感，另類 (B1193) (C240) (C3116)
		5-12-2 尚可接受	1.但擔心未來工作的社會刻板印象 (B398) (A2180) (A370) 2.兩極，負面居多，年輕人尚可接受 (B1205) (B2124)
		5-12-3 內心感受	1.自己會對他人特殊眼光充滿敵意 (C213) (C3118)
第三節	5-13 身體體現之背後因素分析	5-13-1 特殊意義	1.體現有意義有的生命故事與生命情感 (A107) (A249) (A3154) 2.為了美觀及有意義 (A2116) (D385) 3.以身體體現取得父母關心 (A2153) (D249)
		5-13-2 情緒壓抑	1.突顯自己叛逆風格、自殘 (D194) 2.反叛父母（D299），看起來有殺氣想"瘋"的感覺 (C226)
		5-13-3 他者認同	1.吸引他人目光，同儕認同支持 (B368) (B236) 2.想增加自信，並增加異性緣 (C169) (C388) 3.展現日本視覺樂團風格 (C392) 4.想要與眾不同狂妄的自我表現(C1105)
		5-13-4 自我保護	1.不想讓人覺得好欺負，找麻煩 (B188) (A2170)

第三節	5-14 特殊身體體現與家庭認同度分析	5-14-1 家庭無法認同	1.無法接受負面觀感難以接受(家庭學校穿著一致) (D1193) (D261) (D3100) (A3157) 2.無法接受 (家中與學校不同) (B1150) (B2102) (C121) (C224) (C395)
		5-14-2 家庭認同	1.家庭學校穿著一致，會接受然後支持 (A1120) 2.完全認同接受(A2123)
第三節	5-15 特殊身體體現與同儕認同度分析	5-15-1 同儕支持	1.無負面觀感，均能接受認同 (B2107) (D3112) (B379) 2.正面，常成為同儕品頭論足及學習模仿的對象 (A3361)
		5-15-2 看法認同兩極	1.正負兩極，負面居多 (C2248) (D1198) (B1159) (C3100) (A1121) 2.好壞摻半，正負兩極 (C178) (D267) 3.較為負面，認為這刺青女生較兇不好惹 (A2156)
第三節	5-16 特殊身體體現與師長認同度分析	5-16-1 師長刻板印象	1.認為老師多半負面觀感之刻板印象 (A131) (D272) (B1171) (A3194) 2.經常對我表達刺青的社會負面觀感 (B390) 3.認為牛性愛玩、叛逆 (B2115) 4.異類 (C180) 5.負面觀感，壞小孩 (C284)
		5-16-2 師長負面認同	1.難以接受認同 (D1212) 2.師長常通知家長在校不當穿著 (C237) 3.常遭來麻煩老師對我對號入座 (A173)

	5-16 特殊身體體現與師長認同度分析	5-16-3 師長正面觀感	1.師長認同，見怪不怪，尚可接受 (D3120) (C3108) 2.會認為愛美不用功，但無負面觀感 (A2176)
第三節			
第三節	5-17 強烈表達個人內心想法之因素分析	5-17-1對師長觀感表達	1.老師應清除嚴重之頁面刻板印象 (A1206) 2.父親別用毆打的威權管教 (D299)
		5-17-2 對社會觀感表達	1.媒體應正面報導特殊造型輕年的正向作為，勿標籤化 (B3117) 2.社會不要以貌取人，刺青穿環及特殊造型的人其實都不壞 (B1247) (A2206) (C2167) 3.希望社會不要以負面眼光，因為這些人都有不願面對的過去 (D206) 4.為什麼台灣人無法接受我的穿著，而日本人卻可以 (C3137)
		5-17-3個人內心感受	1.不想再當配角，要吸引他人目光，女生可以很中性，男生為何不能很女性 (C1102)
		5-17-4自我行為之觀點	1.年輕時要及時行樂，不然會後悔 (D1276) 2.時代不同，現代人不要太死板，穿著要隨性 (B2152)

節次	主軸編碼	開放編碼	細部編碼內容開放編碼主軸編碼
第四節	5-18 師長觀察學生身體體現之轉變與看法分析	5-18-1 發現身體體現的明顯轉變時間	1.髮禁解除後，刺青文化開始流行（E11） 2.94年後連國立大學都有明顯的轉變（E24） 3.94年以後學校穿著文化改變劇烈（E11）5-18-1發現身體體現的明顯轉變時間
		5-18-2 轉變因素	1.仿效電視媒體(黑澀會美眉)（E112） 2.小S在電視上表達勇於刺青（E14） 3.西方影視文化的滲透（E311） 5-18-2轉變因素
		5-18-3師長發現身體體現轉變之當時看法（學習接受）	1.不排斥時代的潮流，應該用更開放態度接受這個現象，但是無法完全接受（E117） 2.(94後)半年後覺得他們的人格表顯並無不當，而慢慢接受（E212）
		5-18-4 師長發現身體體現轉變之當時看法（難以接受）	1.突然很離譜，(有離經叛道之感)無法接受（E29） 2.無法接受，學生應有純樸傳統風貌（E38）

第五章 身體體現的價值變遷與認同差異(師長部分)

第四節	5-19 師長與學生身體體現之互動經驗分析	5-19-1 互動經驗	1.會好奇問刺青學生經驗，痛不痛、多少錢（E125） 3.曾勸導女同學不要穿的太OVER，對男老師不禮貌（E217）
		5-19-2 對訪談學生之互動觀感	4.D2學生因師長慢慢接受造型體現而表現變好（E341） 2.新學期看到D3同學的轉變造型，誇張不能接受（E137）
		5-19-3 髮禁解除前與後觀感	1.從同理心到認同支持（E143） 2.從不能接受到改變接納，甚至內心關懷（E245） 3.現在已沒有強烈反感，並且接受（E34）
		5-19-4 對師長互動態度印象	1.普通老師仍有負面觀點的心理印記（E146） 2.普遍師長會在背後負面評論這些特殊學生，甚至在學業分數上給予低分（E253）

國家圖書館出版品預行編目資料

刺青、穿環、紋身印記：青少年生命轉折故事／梁明義 初版-
臺北市：博客思出版社 2010.5
15*21公分 含參考書目
ISBN：978-986-6589-22-5（平裝）
1.青少年次文化
　544.67　　　　　　　　99006679

青少年輔導系列2

《 刺青、穿環、紋身印記：青少年生命轉折故事 》

著　　者：梁明義 著
執行主編：張加君
執行美編：康美珠
封面設計：JS
出 版 者：博客思出版社
地　　址：台北市中正區開封街1段20號4樓
電　　話：(02)2331-1675　傳真：(02)2382-6225
劃撥帳號：18995335　　　戶名：蘭臺出版社
網路書店：http://store.pchome.com.tw/yesbooks/
　　　　　博客來網路書店、華文網路書店、三民書局
E‐mail：books5w@gmail.com 或 lt5w.lu@msa.hinet.net
總經銷：成信文化事業股份有限公司
香港總代理：香港聯合零售有限公司
地　　址：香港新界大蒲汀麗路36號中華商務印書館大樓
電　　話：(852)2150-2100　傳真：(852)2356-0735
出版日期：2010年5月初版
定　　價：新台幣300元
ISBN：978-986-6589-22-5